享受乐趣，增强体质

健全人格，锤炼意志

我们为什么着迷运动

新华通讯社体育新闻编辑部，
米莱童书　编/绘

新华出版社

北京理工大学出版社
BEIJING INSTITUTE OF TECHNOLOGY PRESS

序 言

小读者们，你们好！2022 年冬奥会终于来到了家门口，北京、延庆和张家口已准备就绪，新华社的伙伴们将在赛场一线为大家呈现一场激情、精彩的冬季奥林匹克运动会。冬季运动紧张刺激又极具观赏性，希望能通过这次冬奥会，让更多的青少年了解冬季运动，享受运动，爱上运动。

以北京冬奥会为契机，新华社希望能够为小读者出版一本关于冬奥的书。然而，经过与冬奥组委、冬季运动专家等的多轮协商后我们明确，这本书不仅要让读者了解奥运，还要让孩子们看完能对运动产生兴趣，想要主动地出去跑两圈！这个思路也得到了编委会专家的支持，并很快敲定了最终的策划案，也就是现在呈现给大家的《我们为什么着迷运动》。

2019 年教育部明确规定中小学生每日体育锻炼时间为校内 1 小时、校外 1 小时，从政策上保证了中小学生的体育运动时间。2020 年 10 月，中共中央办公厅、国务院办公厅印发了《关于全面加强和改进新时代学校体育工作的意见》，体育运动在学校教育中的地位提升到了前所未有的高度。然而，运动并不是一件容易的事情，坚持运动更是难上加难。如果不是从心底热爱运动、享受运动，那么运动也就无法真正走进孩子们的内心。

这本书恰如其分地表现出了运动带给人们的正向的吸引力，这就是奥林匹克运动会能够复兴，并且奥林匹克圣火能传递百年的秘密。运动本就是人类得以生存并延续生命的重要方式，却因为社会的发展而逐步退化，这不仅是人类的遗憾，也是人类很多健康问题产生的原因。很多因为缺乏运动导致的疾病，并不比猛兽攻击来得更温和，它们长期折磨着得病的人。所以，即使到了现代社会，保持运动能力仍然是保证生活质量的关键因素。

　　对奥运会了解得越多，我们越会发现运动的魅力和重要性。我们希望通过这一本运动科普书，让青少年能够了解运动、发自内心地热爱运动，并且练就健康的身体，从而获得更优质的生活；让青少年通过自发的运动，强烈而深刻地享受热血沸腾、激情澎湃的青春；让青少年通过了解运动、了解奥运会，更好地接近优秀的运动员，接触体育文化；让青少年通过运动中建立的坚持和自律增强自信、赢得尊重，从运动中真正做到享受乐趣、增强体质、健全人格、锤炼意志。

　　从项目启动至今，经历了近千个日夜打磨和锤炼，这些努力让《我们为什么着迷运动》成为一本科学严谨、内容丰富又不乏趣味的运动科普书。相信这份期待能够通过这充满活力的文字和画面来到千千万万的青少年手中，并使其追求更高品质的生活！

新华社体育部副主任、国际奥委会新闻委员会委员

周　杰

目 录

飞驰在冰天雪地间

看！在童话般的冰雪世界中，身着各色冰雪服的运动员恣意飞驰。人们欣赏冰雪运动，享受冰雪运动，也有越来越多的人爱上冰雪运动。冬奥会的赛场上都有哪些冰雪项目呢？让我们一起来了解一下吧！

自由式滑雪

自由式滑雪起源较早，但在1988年卡尔加里冬奥会上，自由式滑雪才被列入为表演项目。与传统的滑雪项目相比，自由式滑雪没有不同竞赛项目，目更为惊险刺激，对技巧性的要求更高，在比赛过程中有很多跳跃、空翻、转体一类的动作，是奥会的一项高难度技能项目。

越野滑雪

越野滑雪起源于北欧，所以又称"北欧滑雪"，是世界运动史上最古老的运动项目之一，也是冬奥会的"元老"项目之一。它的诞生是出于远古时期人们出行和狩猎的需要，发展到现代，成了人们亲近自然、锻炼身体的一种竞技运动。

越野滑雪的比赛场地设置在山地或丘陵地带，分别有自由式滑雪和传统式滑雪两种姿势比赛，男子50公里、女子30公里，比赛时间也比较长，因此比赛过程不仅考验参赛选手的滑雪技巧，更是对其体能和意志的意大考验。

滑雪

滑雪是一项相当古老的运动。目前冬奥会的比赛中总共有15个分项项目，雪上项目共10个分项，而滑雪项目就占了6个。比重相当大。这6个分项项目分别是越野滑雪、跳台滑雪、北欧两项、高山滑雪、自由式滑雪和单板滑雪。

跳台滑雪

跳台滑雪是滑雪最流行的冬奥会比赛项目之一，起源于挪威，据说是由古代挪威的一种越野滑雪的方式演变而来的。

在比赛中，运动员脚踏特制的滑雪板，沿着跳台顺着的助滑道加速向下滑行起跳，借助由此获得的高速度与巨大的弹跳力，让身体跃向空中，在空中"飞行"几秒钟，最后落在雪坡上，继续向前滑行。跳跃距离和动作姿势是评判跳台滑雪的两大依据。

北欧两项

北欧两项起源于北欧，由越野滑雪和跳台滑雪组成。由于北欧两项对运动员的耐力、身体平衡能力和爆发力要求都很高，所以又被称作"北欧全能。

北欧两项是奥运会场上唯一只有男子参赛的项目，设有男子个人跳台滑雪标准台／越野滑雪10公里、个人跳台滑雪大跳台／越野滑雪10公里，团体跳台滑雪大跳台／越野滑雪4×5公里接力三个项目组别。

高山滑雪

高山滑雪起源于阿尔卑斯地区，所以又称"阿尔卑斯滑雪"，是在越野滑雪的基础上形成的一项滑雪运动。

高山滑雪将速度和技巧结合在一起，特别是高山降和超级大回转项目，场地落差大、赛道长、坡度要求高。运动员在山坡专设的比赛路线上左右盘旋，高速下滑，整个比赛过程极具刺激性、观赏性。

① 1公里＝1千米

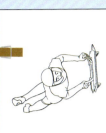

冬季两项

听到"冬季两项"这个名字，你是不是以为里面包含了两个比赛项目呢？其实不是这样的。冬季两项是雪上运动项目之一，因为这项运动是由滑雪和射击两种运动结合而成的，所以名字叫作"冬季两项"。它起源于古代时代的滑雪狩猎演变而来。在比赛过程中，运动员每滑行一段距离后就要进行一次射击，在射击和滑行之间来回切换。

单板滑雪

单板滑雪又称"滑板滑雪"。与自由式滑雪不同，运动员脚踩单板进行比赛。1998年的长野冬奥会，单板滑雪作为比赛项目登上冬奥会的舞台。

1965年，一位名叫舍曼·波潘的美国人为了教自己的女儿练习滑雪，将两个滑雪板绑在一起，形成了一种新的滑雪板，用这种滑雪板进行滑雪，就是单板滑雪的雏形。

单板滑雪的多个比赛项目与自由式滑雪共用一个场地，运动员主要利用身体和双脚来控制方向。复杂的赛道情况和高难度动作的配合，使这项运动成为冬奥会最具观赏性的比赛项目之一。

雪橇

提起雪橇你是不是就想到了坐着雪橇给大家送达礼物的圣诞老人呢？冬奥会比赛项目的雪橇和圣诞老人坐的雪橇可不太一样哦！

雪橇，又叫"无舵雪橇""北欧雪橇"。比赛时运动员在封闭的人工制冷的冰道上高速滑行。这项运动看上去和钢架雪车有点相似，很多人都会把它们弄混，其实要区分两种运动很简单，你只要记住这两点就可以了：

①在比赛开始时，需要单手推车助跑的运动是钢架雪车；车助跑起步点助跑的运动才是雪橇。

②在比赛中，运动员头朝前脚朝后，以俯卧的姿势进行比赛的是钢架雪车；而脚在前头朝后，以仰卧的姿势进行比赛的是雪橇。

雪橇比赛姿势

钢架雪车比赛姿势

雪橇起跑姿势

钢架雪车起跑姿势

比赛时，雪橇运动员仰卧在雪橇上，单手拉住雪橇上的皮带，通过身体的起卧以及肩部、腿部姿势的改变来控制雪橇的方向。

滑冰——速度滑冰、花样滑冰、短道速滑

滑冰是冬奥会的一个大项，其中包括速度滑冰、花样滑冰和短道速滑三个分项项目。

钢架雪车

钢架雪车又称"无舵雪车""俯式冰橇"，是在传统雪车的基础上延伸出来的一个运动项目，发源于瑞士山区的小城圣莫里茨——一个全球知名的度假胜地。

与传统雪车不同，钢架雪车的外形看上去很像人体骨架，因此也被称为"骨架雪车"。在比赛过程中，运动员头朝前脚在后俯卧在雪车上，以极快的速度从赛道上冲下来。因为危险系数太高，为了保证运动员的安全，所有参赛选手在比赛时必须佩戴全罩式安全帽。

雪车——雪车、钢架雪车

冬奥会的雪车项目包括雪车和钢架雪车两个分项。

速度滑冰

速度滑冰简称"速滑"，是冬奥会滑冰项目三个分项中出现时间最早的一项运动，有着非常悠久的历史。

最早的滑冰活动是将动物骨骼绑在脚上，手持带尖的木棍支撑地面向前滑行，早在11—12世纪，荷兰、瑞士等国家就已经有了相关的记载。

速滑比赛的场地周长400米，是由两条直线跑道和两条弧度为180度的曲线跑道组成的封闭跑道。运动员分组进行比赛，每组有两名选手参赛。道次由抽签决定，内道的选手佩戴白色臂章，外道的选手佩戴红色臂章。每圈过后，两位选手要在交换区互换跑道，以保证两人的滑行总距离相同。

雪车

雪车由雪橇发展而来，所以又叫"有舵雪橇"，起源于19世纪后期的瑞士。雪车分为双人雪车和4人雪车，运动员在比赛时，乘坐可以操纵方向的雪橇在冰道上快速滑行。雪车的速度非常快，平均时速达100千米左右，最高可达140千米。

运动员比赛时使用的雪车车体一般由钢铁和玻璃纤维等高科技材料制成，外形就像一艘小舟，通体呈流线型。雪车运动员在比赛中穿的鞋也非常特别，鞋底前部布满了细密的鞋钉，看上去就像一把钢刷。这种鞋子能够使雪车运动员在光滑的冰面上全速起跑。

⚠ 冰 壶

　　冰壶又叫作"掷冰壶""冰上溜石"，是一项团体运动项目。由于对技巧的要求很高，所以冰壶也有"冰上国际象棋""冰上斯诺克"之称。这项运动的起源时间很早，苏格兰保存着一块刻有"1511"字样的冰壶，证明至少从 16 世纪初开始，冰上溜石游戏已经出现在人们的生活中。

　　"冰壶"是这项运动中最关键的装备，它由天然花岗岩制成，周体呈圆壶状。奥运会冰壶比赛场地设置 4 条赛道，赛道长 45.72 米，宽 5 米，场地的冰面由硬度很高的颗粒状冰球组成。每局比赛共有 8 只壶，分别由 4 名运动员完成，每名运动员投 2 只壶。

　　冰壶运动员在比赛中穿的运动鞋也非常有意思。出于比赛的需要，他们的专业用鞋，一只鞋的鞋底为橡胶底，另一只鞋的鞋底为塑料底，橡胶底的鞋为蹬冰脚所穿，以增加鞋底和冰面的摩擦力，塑料底的鞋装有专业滑板，为滑动脚所穿，方便运动员在冰面上迅速滑动。

⚠ 冰 球

　　冰球也叫"冰上曲棍球"，是一种滑冰和曲棍球技艺相结合的集体性冰上运动项目。比赛中每队上场 6 人，包括守门员，可根据战术需要随时更换队员。

　　由于冰球比赛的对抗非常激烈，所以冰球运动员在进行比赛时，除了必须佩戴面罩，还要戴上护胸、护肩、护肘、护腰、手套等全套防护装备，但是除了面罩、手套和护腿以外，其他护具必须包裹在运动服中，这也是我们在冰球比赛中看到运动员们看上去总是显得很魁梧的原因。

📍 花样滑冰

　　花样滑冰起源于 18 世纪的英国。1863 年，美国芭蕾舞表演艺术家杰克逊·海因斯最早在自己的表演中将滑冰运动和舞蹈融合在一起，使花样滑冰的内容和形式变得更加丰富，海因斯也因此被称为"现代花滑之父"。

　　花样滑冰的项目分为单人滑、双人滑和冰上舞蹈。不同项目有不同的技术要求。花样滑冰是冬奥会最古老的项目之一。参赛选手身穿漂亮的服装，脚踩冰鞋，在冰面上伴随着音乐翩翩起舞，场景极为赏心悦目。

📍 短道速滑

　　短道速滑全称为"短跑道速度滑冰"，是一种在较短的跑道上进行的冰上竞速运动。

　　场地长 60 米，宽 30 米，赛道周长 111.12 米。运动员每 4~6 人参加比赛，按名次决定胜负。

　　和其他的冰雪运动相比，短道速滑是一项竞争十分激烈的项目。比赛中，运动员在椭圆形的跑道上不停地上演着控制与反控制、超越与反超越的精彩场面，依据赛场的具体情况，采取不同的战术，力争取得胜利。

冬奥会进化史

冬季奥林匹克运动会，简称冬季奥运会或冬奥会，是奥林匹克运动的重要组成部分，也是目前世界上规模最大的冬季综合性运动会。冬季奥运会自提出至今，经历了近100年的时间。

19世纪末20世纪初，滑雪、滑冰等冰雪运动在欧美国家日益普及。相关的运动组织纷纷成立，一些跨国性的冬季运动会也相继举办。在这样的背景下，现代奥林匹克之父顾拜旦很早就提议单独举办冬季奥林匹克运动会。但是因为担心影响到自己国家传统的冬季体育赛事，瑞典、挪威等北欧国家强烈反对，所以顾拜旦最初的提议只能搁浅。

1908年，第4届夏季奥运会在英国伦敦举行。在这届奥运会上，花样滑冰首次被列为正式比赛项目，冰雪运动被纳入奥运会，这对于之后冬季奥运会的单独举办有着重要意义。

1924年，第8届巴黎夏季奥运会的主要赛事举办之前，法国夏蒙尼专门为这次的奥运会举办了一个冬季运动周——第8届奥林匹亚体育周。来自16个国家的近300名选手参加了速度滑冰、花样滑冰、越野滑雪等7个项目的比赛。体育周的活动举办得非常成功，在国际上产生了很大的反响。

冬奥会和夏奥会一样，都是每4年举办一次，但是在举办时间和举办地点上，冬奥会有过两次关键的调整。

● 举办地点

1924—1936 年期间的冬季奥运会和夏季奥运会除 1928 年以外，都是同一年在同一个国家举行的。1936 年，第 4 届冬季奥运会在德国的加尔米施－帕滕基兴举行，同年，第 11 届夏季奥运会在德国的柏林举行，这是最后一次冬奥会和夏奥会同时在一个国家举行。从 1940 年第 5 届冬奥会开始，冬奥会和夏奥会就改在不同的国家举行，但是时间没有变，依然和夏奥会在同一年举行。

● 举办时间

经过半个多世纪的发展，冬奥会的规模不断扩大，在一年里同时举行冬奥会和夏奥会的难度越来越大。于是，1986 年国际奥委会决定在不同的年份举行冬奥会和夏奥会。为此，原定于 1996 年举行的第 17 届冬奥会提前至 1994 年举行，以后仍然按照每 4 年一届举行，将举行冬奥会和夏奥会的时间错开。

值得一提的是，2022 年第 24 届冬季奥运会由中国北京携手张家口举行，届时，北京将成为第一个同时举办过夏奥会和冬奥会的城市！

1925 年，国际奥委会（IOC）修订宪章，决定设立冬季奥运会，并将 1924 年的体育周追认为第 1 届冬季奥林匹克运动会。由此，冬奥会开始了它在人类运动史上的旅程。

1992 年的阿尔贝维尔冬奥会成为最后一届与夏奥会同年举行的冬奥会。从此之后，冬奥会和夏奥会每两年间隔举行一次，我们想一睹奥运健儿的风采，就不必等 4 年那么久了！

古人为什么发明奥运会？

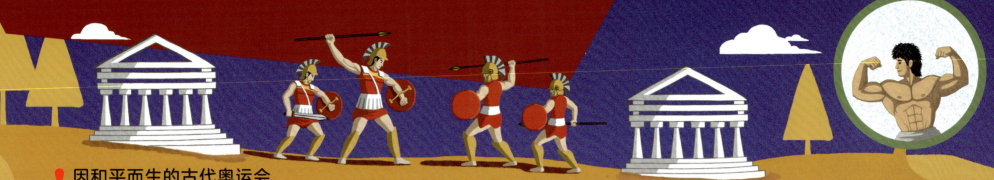

🔴 **因和平而生的古代奥运会**

在古希腊的伯罗奔尼撒半岛上，有一座叫"奥林匹亚"的城市。奥林匹亚位于两条河流的交汇处，十分丰饶，是古希腊的圣地。奥林匹亚一直属于伊利斯城邦，其他城邦都非常羡慕。古希腊最强大的城邦斯巴达也十分想得到奥林匹亚。战争一触即发。

旷日持久的战争让两个城邦的人民都十分不满，眼看打下去对谁都没好处，伊利斯王和斯巴达王便在公元前 884 年达成了一项定期在奥林匹亚举行体育竞技比赛的协议，还签订了一份《神圣休战条约》。这样，野蛮残酷的战争就变成了和平友谊的竞技比赛。奥林匹亚竞技比赛就是奥林匹克运动会的前身，也就是我们常说的奥运会。

Olympic Truce

🔴 **神圣休战条约**

公元前 884 年，伊利斯王和斯巴达王签订了《神圣休战条约》。条约规定，比赛期间古希腊各城邦必须停战一个月，一切与战争、敌对相关的行为必须停止。

这一条约对古代奥运会和后来的现代奥运会的诞生和持续举办产生了深远的影响。

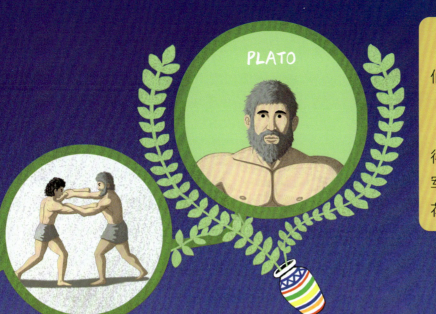

PLATO

在古代奥运会的赛场上，参赛的运动员们个个都是"狼人"，他们只争第一，不分亚军和季军。"或得桂冠，或舍生命"就是他们的口号！

当然，对于获得胜利的运动员们，举国上下都会对他们充满敬意。

人们会在宙斯神庙附近为冠军选手举行隆重的授奖仪式，他们会得到盛满橄榄油的彩绘陶罐和橄榄枝编成的花环，从此光耀门楣；冠军选手还可以在最好的位置免费看戏，可以在公共食堂吃饭而不用花钱，可以不用交税，还可以为自己定制雕塑……

📍宽肩膀的柏拉图

著名哲学家柏拉图就曾两度获得古奥运会格斗比赛冠军。虽然柏拉图的名字家喻户晓，但有些人不知道，"柏拉图"其实是绰号，意为"宽肩膀"，他的真名叫作亚里士托克利斯。据说"柏拉图"获得这个名字是因为他年轻时接受过摔跤训练，拥有一副宽阔的肩膀。奥运会为柏拉图带来了荣誉、健美的身躯，还有流芳百世的名字。

📍大力士雕塑家米隆

《掷铁饼者》相信大家都比较熟悉，但是你可能不知道米隆不仅是杰出的雕塑家，还是有惊人力量的运动健将。米隆曾 3 次获得角力冠军。在一次运动会上米隆与一头发了疯的公牛赛跑，他不但跑赢了公牛，还一把拽住它将其摔倒，并高举公牛绕场一周。当满场观众还在为他疯狂欢呼的时候，米隆让人将公牛杀掉烤熟，一个人竟把整头牛吃得精光。

古代奥运会的发展历程

古希腊奥运会一直持续了 1000 多年，后来因为战争而被中断。
除了比试体育水平，奥林匹亚体育竞赛还有更重要的意义，
那就是古希腊人用比赛这种和平的方式，代替了野蛮残酷的战争，
表现出人类对和平的盼望和追求。

● 公元前 388 年

马其顿王国征服希腊后，
古代奥运会虽然仍然按期举行，
但是人们对它的热情程度已经
今不如昔。

● 公元前 776 年

第 1 届古代奥运会
开始，当时的比赛项目
只有一个，短跑。

据说，最初的古代　　奥运会参赛运动
员是披着兽皮进行比赛的。在一次比赛中，
一位身披狮子皮的选手，不慎将狮子皮掉落
到地上，顿时全身赤裸，可并未因此影响比
赛的进行。最后，他击败了对手，夺得了橄
榄冠。在这次意外的"事故"中，人们发现
裸体更能体现肌肉的健美，于是规定以后的
比赛运动员一定要全身赤裸。

后来逐渐增加了摔跤、五项全能、拳
击、赛马、角斗，以及战车赛、武装赛跑等，
最多时达 23 项。角斗是古代希腊盛行的
一种拳击和摔跤相结合的体育竞技项目，
最富有古希腊运动特色，比赛十分激烈，
常常吸引众多的观众。

受古希腊的风俗习惯、艺术风格、地理环境和物质生产等因素决
定，"赤身运动"是古代奥运会的一大特色。比赛时，要求裸体的运动
员全身涂上橄榄油，以使身体在阳光的照射下熠熠生光，肌肉更富有
弹性，更加显示出运动员健美的体态，让人们从中得到一种美的享受。

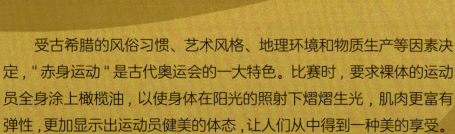

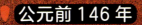 **公元前 146 年**

罗马帝国征服希腊后，希腊变成了罗马帝国的一个行省，古代奥运会也进一步衰落，逐渐成了罗马奴隶主贵族们消遣娱乐的观赏会。

公元 394 年

罗马皇帝狄奥多西一世宣布废止古代奥运会。

从此，历时一千多年，举行了 239 届的古代奥运会便渐渐销声匿迹了。

除了精彩的体育竞技比赛，古代奥运会还是文化艺术的大狂欢。奥运会期间不仅有绘画、舞蹈、戏剧等文艺竞赛，哲学家、戏剧家、诗人等也都聚集在此，当众诵读自己的作品或表达自己的哲学政治观点，以此来扩大自己的影响力。

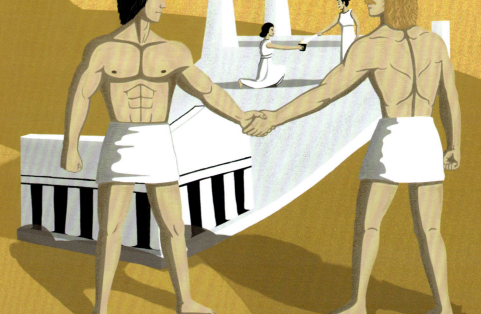

现代奥林匹克运动会：充满仪式感的大狂欢

古代奥运会停办了1500年之后，
人们对古奥运会的理想和精神充满向往，
越来越多的人开始重新关注希腊体育和古奥运会。
1896年4月6日至15日，
第1届现代奥运会在希腊首都雅典隆重举行。
至此，沉寂一千多年的奥运会，
在顾拜旦等人的积极努力下，
终于再次拉开了帷幕。

奥林匹克标志——奥运五环 Olympic Rings

奥林匹克标志由顾拜旦构思设计，是目前世界范围内最广为人知的奥林匹克运动会标志。标志由五个不同颜色的奥林匹克环从左到右互相套接，象征着奥林匹克主义的普遍存在。奥运五环作为奥运会会旗和会徽的必要元素，出现在每一届奥运会上。

中国

国际奥委会 International Olympic Committee (IOC)

国际奥林匹克委员会，简称国际奥委会，是奥林匹克运动的领导机构，负责监督每一届奥运会的组织，协调奥林匹克相关的体育、文化和教育活动，总部设在瑞士洛桑。国际奥委会的委员都是在体育方面做出过重要贡献且有影响力的个人，其总人数一般不得超过115人，来自不同地区和国家。

奥运吉祥物 Mascot

奥运会上最受孩子们欢迎的当属奥运吉祥物了。奥运吉祥物不仅外形受人们普遍喜爱，同时还代表了奥运举办城市的文化、历史和地理特征，体现着举办城市的气质。它活力四射、热情友好，为奥运会增添欢乐的节日气氛。

CITIUS, ALTIUS, FORTIUS – COMMUNITER

奥林匹克格言——"更快、更高、更强——更团结"

奥林匹克格言（Olympic Motto），又称奥林匹克口号或奥林匹克座右铭，是奥林匹克运动口号之一，它激励着无数的奥运健儿不断地向更远的目标发起挑战，不断地冲击人类的极限。

奥运火炬 Olympic Flame

奥运会点燃火炬的仪式是对古奥运会"点香火"仪式的继承。奥运火炬的火种通常于奥运会开始前几个月在古奥林匹亚赫拉神庙的废弃石柱前采集，然后以火炬接力的形式传递到举办国的举办城市，在开幕式现场将主体育场的火炬台点燃。火炬传递的过程其实就是奥林匹克精神向世界其他地区传递的征程，它象征着光明、团结、友谊、和平、正义。

奥运奖牌 Olympic Medal

为了激励奥运会参赛运动员，国际奥组委会向每一届奥运会获得冠亚季军的参赛选手颁发奥运奖牌。每一届奥运会奖牌的设计各不相同，但都各具特色。比如 2008 年北京奥运会的奖牌就由象征尊贵和美德的金和玉熔合制成，颇有中国气质。

奥林匹克会歌 Olympic Anthem

在 1958 年之前，奥运会没有固定的会歌，一般由主办国自主选择曲目。1958 年，国际奥委会在东京举行第 55 次全会，会上将《奥林匹克圣歌》——第 1 届现代奥林匹克运动会上演奏的管弦乐定为永久的奥林匹克会歌。此后，所有奥运会的开闭幕式和国际奥委会举行的所有仪式上都会演奏奥林匹克会歌。

开闭幕式 Opening&Closing Ceremony

开幕式是奥运会盛大的公开活动，是奥运会的重头戏。奥运会开幕式的程序一般都是固定的，主要包括运动员入场，升会旗奏会歌，主办国和奥委会主席致辞，运动员、裁判员和教练员宣誓，点燃奥运火炬仪式及文艺演出等环节。

和开幕式相比，闭幕式更多了一些欢乐的气氛。奥运会闭幕式和开幕式都有运动员入场的环节，但不同的是，在开幕式上是各代表团依次入场，而在闭幕式上运动员们则不分国籍，一起走进会场，寓意着奥运团结世界人民。

他们成就了奥运运会

现代奥林匹克运动会之所以能持续成功地举办，离不开背后坚持信念、为奥运会变得更好而努力奔走的人。是他们让全世界享受四年一次的体育狂欢，也是他们不断突破人类自我认知的上眼，让各国青年走上展示卓越的体育舞台。

迈克尔·莫里斯·基拉宁 Michael Morris Killanin

国际奥林匹克委员会第6任主席，同时也是剧作家和电影导演，一直致力于中国重返奥林匹克运动会，并在任期内，实现了自己的这一愿望——1979年，国际奥委会恢复了中国的合法地位。此外，他还支持举办冬季奥运会、倡导女性也能当选国际奥委会委员等，推动了奥林匹克运动的良性发展。

皮埃尔·德·顾拜旦 Pierre de Coubertin

呼吁复兴奥林匹克运动，被誉为"奥林匹克之父"，对现代奥林匹克运动会的兴起有着卓越的贡献。

胡安·安东尼奥·萨马兰奇 Juan Antonio Samaranch

曾任国际奥林匹克委员会主席、国际奥林匹克委员会终身荣誉主席，在任期间推动奥林匹克运动会的商业化和职业化，对奥运会的发展做出了杰出的贡献。萨马兰奇对中国体育事业的发展给予了很多的支持，1984年洛杉矶奥运会上，他亲手颁发了中国在历史上获得的第一枚奥运金牌。

李宁 Li Ning

中国体操队运动员，他被誉为"体操王子"，创造了世界体操史上的神话，14项世界冠军，先后摘取100多枚金牌。

许海峰 Xu Haifeng

中国男子射击运动员。在1984年第23届奥运会上，许海峰成为本届奥运会第一枚金牌获得者，也是中国第一位奥运会金牌获得者，由此开启了中国参与奥林匹克运动历史的新篇章。

鲍勃·比蒙 Bob Beamon

美国田径运动员。1968年墨西哥奥运会上，鲍勃·比蒙超出了8.90米的成绩，跳出了用于测量的光学仪器的测量范围。他这一跳，被称为"世纪之跳"，也为田径界创造了一个新的名词"比蒙障碍"，意思是运动员的成绩好得超乎想象，无法或很难被超越。

尤塞恩·博尔特 Usain Bolt

牙买加田径运动员。男子100米、200米短跑世界纪录保持者。他是第一位在男子200米短跑比赛中，跑入20秒的运动员，并在后来的比赛中多次刷新自己保持的纪录，人称"牙买加飞人""牙买加闪电"。

迈克尔·菲尔普斯 Michael Phelps

美国职业游泳运动员。他在役期间共获得了28枚奥运奖牌，其中有23枚金牌，成为奥运历史上获得奖牌及金牌最多的运动员。

羽生结弦 Yuzuru Hanyu

日本花样滑冰男子单人滑运动员。他是亚洲首位在冬奥会男子单人滑夺冠，花样滑冰史上第一位实现超级大满贯的选手。

夏洛特·库珀 Charlotte Cooper

英国网球运动员。1900年第2届奥运会在法国巴黎举行，夏洛特·库珀夺得女子网球单打冠军，成为现代奥运会上获得冠军的第一位女性，开创了女子运动走上世界体坛的先河。

杨扬 Yang Yang

中国短道速滑队运动员，2002年盐湖城冬奥会短道速滑女子500米冠军，是中国第一位取得冬奥会冠军的运动员。在她的整个运动生涯中共获得过59个世界冠军，是中国获得世界冠军最多的短道速滑运动员。

邓亚萍 Deng Yaping

中国乒乓球运动员，乒乓球大满贯得主。1992年巴塞罗那奥运会，邓亚萍夺得女子单打、双打两枚金牌，并在1996年的亚特兰大奥运会上蝉联这一成绩，成为中国奥运史上第一位获得四枚奥运金牌的运动员，被称为"乒坛小巨人"。

运动会，
不只是体育

祝贺中国申奥成功

运动会还能挣钱？嗯！

有数据显示，1992 年巴塞罗那奥运会盈利 6 亿美元，1996 年亚特兰大奥运会盈利多达十几亿美元。2008 年北京奥运会，仅奥运吉祥物"福娃"系列纪念品和旅游品的开发，以及特许权的销售就有接近 10 亿人民币的收入。

除了直接的经济效益以外，体育赛事还能促进制造业、建筑业、旅游业等相关产业的发展，提供很多新的就业岗位。还以奥运会为例，2000 年悉尼奥运会为 10 万人提供了就业机会，2008 年北京奥运会累计为北京市提供就业岗位近 200 万个，其中直接就业岗位就有 80 万个。

Beijing 2008

一半是运动，一半是文化！

2008 年，第 29 届夏季奥运会在北京举行。从 3 月下旬到 9 月底长达半年的活动期间，来自 80 多个国家和地区的 260 多台优秀剧（节）目和近 160 项艺术展览，在国家大剧院、人民大会堂等北京各个剧场和展览馆相继推出。有 2 万多名国内外艺术家参加演出和展览，超 400 万人现场观看演出和展览。这些丰富的主题文化活动架起了东西方文化交流的桥梁，推动了多元文化的融合。

"国际奥林匹克宪章"第一章第二条明确指出，奥林匹克是文化和体育的结合，把奥运会期间的文化活动放在几乎与赛事同等重要的位置上。

举办运动会可是一项大工程！

从申奥成功到奥运会成功举办，通过奥运会，中国向世界全方位展示了它沉淀千年的文化和强大的综合国力，也让世界重新认识了中国。毫无疑问，成功而出色地举办一场大型国际体育赛事，是举办国的国力及组织能力的充分体现，可以极大地提升举办国的国际声望。

运动会，让战争停一停！

1993 年 10 月 25 日，联合国举行第 48 届大会第 36 次全体会议。在这次会议上，奥林匹克运动全体成员国签署了"奥林匹克休战"提案，即在奥运会期间和奥运会前后各一周，各成员国要像古希腊人一样，放下武器，停止战争，让全世界人民在和平的气氛中欢度四年一度的奥林匹克节日。

很多大型的国际体育赛事都将推动世界和平作为自己的宗旨，在运动会的开闭幕式上，我们也总能看到放飞白鸽的画面，那象征着和平的白鸽，承载着全世界人民共同的心愿。第四任国际奥委会主席埃德斯特隆曾经说过："奥运会无法强迫人们接受和平，但是它为全世界的青年人像亲兄弟一样欢聚一堂提供了机会。"大型国际体育赛事在促进世界和平方面的功用，就在于此。

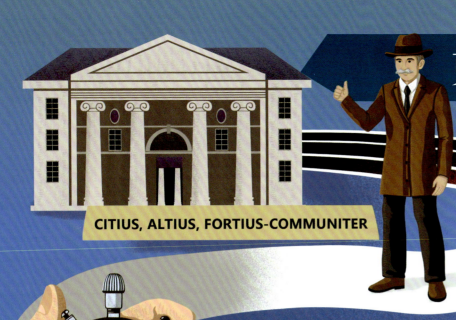

更快、更高、更强——更团结

"更快、更高、更强"最初由顾拜旦的好友多米尼加牧师亨利·马丁·迪东在 1881 年阿库伊尔学院运动会开幕式上首次提出。顾拜旦在 1894 年发起奥林匹克运动时，采纳了这句话作为奥林匹克格言。这句格言不仅在运动和技术方面，也在道德和教育方面表达了奥林匹克运动的愿望。2021 年 7 月 20 日，国际奥委会在东京举行的第 138 次全会上投票表决，同意在"更快、更高、更强"之后，加入"更团结"。

● 人类到底能跑多快？

1968	00	09	95
年	分钟	秒	毫秒

1912	00	10	6
年	分钟	秒	毫秒

1896	00	11	8
年	分钟	秒	毫秒

1896 年第 1 届现代奥运会美国的托马斯·伯克创造了第一个男子 100 米的奥运纪录——11 秒 8。

这时，人类的速度还停留在 11 秒时代。

1912 年第 5 届斯德哥尔摩奥运会上，美国的多纳德·利平科特在预赛中跑出了 10 秒 6 的成绩，正式带领人类踏入了 10 秒时代。

1968 年，美国的吉姆·海因斯在一次比赛中创造了 9 秒 9 的成绩，成为历史上第一个在 100 米赛中跑进 10 秒的人。随后的墨西哥城奥运会上，他以 9 秒 95 的成绩创造了奥运会的百米世界纪录。人类的速度进入 9 秒时代。

经过 40 年的不断刷新，2008 年的北京奥运会上，"牙买加飞人"博尔特将百米世界纪录的成绩提高到了 9 秒 69。

一年后，在德国柏林世界田径锦标赛上，博尔特又以 9 秒 58 的成绩刷新了自己在奥运会上创造的世界纪录，并保持至今。

北京奥运会上的特殊来客

2008 年北京奥运会女子 10 公里马拉松游泳比赛的赛场上出现了一位特殊的选手——来自南非的娜塔莉·杜·托特。

2001 年 5 月，一场交通意外导致娜塔莉左腿膝盖以下的部分被截肢。但是娜塔莉并没有放弃自己的体育事业，5 个月后，她重回泳池，恢复了训练。

凭借着顽强的意志和努力的训练，娜塔莉不仅在残奥会上所向披靡，更是在 2008 年参加了北京奥运会，成为历史上第一个参加夏季奥运会的截肢女选手。

我不会用担架离开，我要跑完！

英国男子 400 米选手雷德蒙德在 1988 年的汉城奥运会中因伤退出了比赛。此后，他经历了好几次手术，在 1992 年再次站上了奥运的赛场。

半决赛的比赛进行得很顺利，雷德蒙德很快领先了，但就在这时，伤痛再一次找上了他。但是当医务人员冲上来想将他抬下赛场时，雷德蒙德却说道"我不会用担架离开，我要跑完！"

泪流满面的雷德蒙德被父亲搀扶着一瘸一拐地"跑"完最后的 175 米，现场的每一位观众都在为他鼓掌、欢呼。

"撑杆跳女皇"伊辛巴耶娃

伊莲娜·伊辛巴耶娃是俄罗斯的撑杆跳高运动员，也是世界上最优秀的女子撑杆跳高选手之一。在伊辛巴耶娃整个职业生涯中，曾先后 28 次打破世界纪录，并成为世界上第一个打破撑杆跳高 5 米纪录的女子运动员。虽然已经在 2016 年退役，但是伊辛巴耶娃至今仍以 5 米 06 的成绩保持着女子撑杆跳高的世界纪录。

人类运动的极限到底在哪里？无数伟大的运动员在刷新纪录的同时也在不断地刷新着这个问题的答案。赛场上那些奥运健儿用汗水和泪水写就的关于挑战、关于坚持、关于拼搏的精神和故事，或许才是这个问题的最好回答，因为"赢"从来不是奥运会的全部，"拼搏"才是……

卓越、尊重、友谊

在众多的奥运故事中，让我们着迷的从来不是输和赢的故事，而是那些超越自我、拼搏奋进、打破偏见、超越种族的关于"卓越、尊重和友谊"的故事。幸运的是，"卓越、尊重和友谊"作为奥林匹克核心价值观，将被一代代奥运健儿坚守、实践。

欧文斯和卢兹·朗

1936 年第 11 届奥运会在德国柏林举行，德国的王牌跳远选手卢兹·朗和美国的黑人跳远运动员杰西·欧文斯都要参加这届奥运会。

当时的德国正处于阿道夫·希特勒的统治之下，希特勒迫不及待地想在这次奥运会上向世人证明他的种族优越理论。他要求卢兹·朗一定要打败黑人运动员欧文斯，夺得这次比赛的冠军，为此甚至亲自来到赛场观战。

欧文斯在这次比赛中，第一次试跳时逾越跳板犯了规。为避免再次犯规，第二次试跳他从跳板后面起跳，结果成绩很糟糕。只剩最后一次机会了，接连的失误让欧文斯迟迟不敢起跳。

这时，卢兹·朗告诉了欧文斯一个诀窍，欧文斯用了卢兹·朗的方法，最终以几乎打破世界纪录的成绩冲进了决赛。

几天后的决赛中，欧文斯以微弱的优势战胜了卢兹·朗，获得了金牌。希特勒的种族优越理论被打破，贵宾席上的他脸色铁青，在跳远项目颁奖仪式前就离开了。卢兹·朗冲上去高举起欧文斯的手，大喊："杰西·欧文斯！"随后，沉默的观众席也发出了响彻云霄的掌声和欢呼声。

国籍、肤色、人种……这一切在奥运的赛场上都不再重要，唯有友谊被人们铭记。

一枚螺栓的故事

1964年的冬季奥运会在奥地利的因斯布鲁克市举行，作为全世界最优秀的雪车运动员之一，意大利雪车运动员尤金尼奥·蒙蒂希望自己能够在这届冬奥会中实现夺得奥运金牌的梦想。而来自英国的雪车运动员托尼·纳什和罗宾·迪克森是这届冬奥会双人雪车比赛中极具夺冠潜力的一对搭档，也是蒙蒂的主要竞争对手。

就在纳什和迪克森马上要开始比赛的时候，他们发现自己的雪车上少了一枚螺栓！这可怎么办？没有这枚螺栓，他们就无法参与比赛。

这时，已经结束了比赛的蒙蒂了解到这一情况，毫不犹豫地从自己的雪车上取下来一枚螺栓，借给了纳什和迪克森。

纳什和迪克森顺利地参加了比赛，并最终夺得了双人雪车比赛的冠军，而蒙蒂和自己的搭档只夺得了这一项目的铜牌。

事后，有人问蒙蒂是否后悔借给纳什那枚螺栓，蒙蒂回答说："纳什赢得金牌不是因为我给了他一个螺栓，而是因为他是最快的。"

最具风度的吊环王

2008年的北京奥运会上，中国的男子体操运动员陈一冰在吊环项目的比赛中以近乎完美的表现征服了现场所有的裁判和观众，几乎是提前夺冠。现场的观众们用热烈的欢呼喝彩向他表示祝贺，但是此时吊环项目的比赛并未结束，还有一位运动员没有登场。

陈一冰没有因为成绩的优异而忘记对对手的尊重，他示意现场的观众安静下来，不要影响最后一位运动员的比赛。

最终，陈一冰毫无悬念地夺得了吊环项目的金牌，而他在赛场上的那个小小的举动，让我们看到了一位奥运冠军的风度，那块闪闪发光的金牌背后，承载的不仅是成绩，还有尊重比赛、尊重对手的奥运精神。

被除名的奥运选手

2012年，伦敦奥运会开始前，希腊的女子三级跳选手沃拉·帕帕克里斯托在社交网站上发表了一条消息，她说："希腊怎么有这么多非洲人……那些感染西尼罗病毒的蚊子总算能吃上家乡的美食了！"

事情要从一种叫作西尼罗的病毒说起。

西尼罗病毒最早是1937年在非洲西尼罗地区一位发烧的中年妇女的血液中发现的，这种病毒对人体的伤害很大，而且具有很强的传染性。20世纪50年代开始，西尼罗病毒曾在世界多地爆发。

帕帕克里斯托的这一言论因涉嫌种族歧视，在网络上引起了轩然大波，很多人对她的这一言论表示谴责。事后，虽然帕帕克里斯托对自己的不当言论表示道歉，但是希腊奥组委还是将这位极有可能在奥运会上夺得金牌的运动员从选手名单上除去了。

29

奥运城市有什么魅力？

自 1896 年第一届奥运会成功举办之后，经过一个多世纪的发展，奥运会逐渐发展成为世界上规模最大的体育和文化盛会。越来越多的国家和地区参与到奥运会中来，越来越多的城市成为举办过奥运会的奥运城市。这些奥运城市究竟有何魅力呢？

奥运会上的"饕餮大餐"

为了能向来自四面八方的运动员们提供可口的美食，北京奥运会准备了"国际餐""地中海餐""亚洲餐"三大风格的佳肴，菜品总数超过 800 道，还定下了"7 天不重样"的原则。中国的美食在北京奥运会的饮食中也大放异彩，光是烤鸭每天就要消耗 600 多只，而且只要一供应就被抢光。

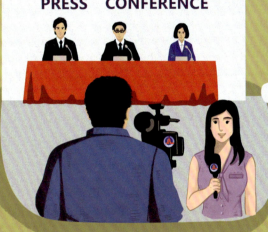

"模范住房"——奥运村

北京 2022 年冬奥会张家口冬奥村位于河北省张家口市崇礼区。冬奥村的设计结合了北方山地民居特色，外观简洁大方，屋内设施适应崇礼冬季的低温严寒条件，防风保温。冬奥村赛时为运动员提供温馨舒适的居住环境，赛后可作为滑雪公寓使用，方便来崇礼冰雪小镇度假的冰雪运动爱好者在此居住，实现了冬奥村的循环可持续利用。张家口奥运村距离崇礼太子城高铁站仅 0.5 公里，1 小时左右即可到达北京北站，保证村民便捷高效地出行。

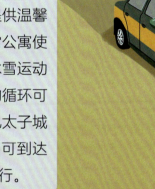

优质的语言服务

2001 年申奥成功后，为了给 2008 年北京奥运会创造一个良好的语言环境，北京市政府举办了年度外语晚会、行业英语电视大赛、外语活动周、外语游园会等各种各样的活动，鼓励、帮助人们学习外语。

在北京奥运会举办期间，所有的奥运场馆和相关的大型活动现场都提供专业的语言服务，尽最大可能帮助外国游客解决语言障碍问题。

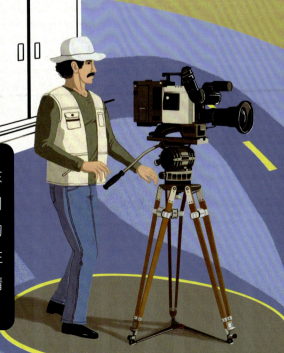

一流的媒体服务

2022 年北京冬奥会上，新华社将作为国际通讯社 / 东道主通讯社在赛场一线，和来自不同国家和地区、使用不同语言报道的全球媒体一起，为全世界的观众呈现精彩刺激的北京冬奥会。热爱体育、关注体育的人们足不出户就能关注新华社运用现代化全媒体方式报道的北京冬奥会的每一个精彩瞬间。

绿色奥运

2000 年的悉尼奥运会被人们认为是历史上第一次成功的"绿色奥运"。在以私家车为主要交通工具的悉尼，轨道交通的使用频率并不高。但是为了迎接奥运会，悉尼将自己的城市轨道交通系统进行了全面的升级，开辟了一条通往机场的绿色通道——东山铁路线，还在市中心和奥林匹克公园之间新建了一条轻轨通道，保障奥运场馆公共交通的便利。

四通八达的公共交通

奥运会期间世界各地的游客蜂拥而来，具有发达的公共交通系统，是奥运主办城市成功举办奥运会的重要条件。

Stadium

轻轨

悉尼歌剧院

开往冬奥会场的冬奥专列

2019 年，往返于北京到张家口的京张高铁线路正式开通，与其他高铁线路不同，这趟高铁线是通往 2022 年北京冬奥会张家口赛区的"冬奥专线"。这趟线路的开通缩短了北京到张家口的时间，不仅让 2022 年北京冬奥会实现了北京、延庆、张家口三地联合办赛，方便运动员和观众的往返参赛观赛，还极大地方便了赛前赛后喜爱冰雪运动的人们前往崇礼各雪场滑雪，所以也被滑雪爱好者称为"冰雪专线"。

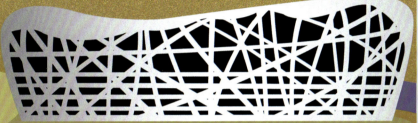

北京鸟巢奥林匹克体育场

北京奥运会的鸟巢被认为是最艺术的奥运场馆。纵横交错的铁骨钢筋，组成了柔软的鸟巢造型，极具震撼力和视觉冲击力，而刚柔之间的巧妙搭配，也赋予了这座奥运场馆天然的艺术气息。

充满魅力的奥运场馆

作为奥运会上的重要设施，历届奥运会的体育场馆都各具特色，有些甚至在奥运会结束后成为奥运主办城市新的标志性建筑和旅游景点，为奥运城市增添新的魅力。

伦敦奥林匹克体育场

伦敦奥林匹克体育场因为外形酷似一只大碗，被人们亲切地称为"伦敦碗"。和其他场馆相比，建造伦敦碗所使用的钢铁材料减少了 75%，使用的混凝土由工业废料制成，含碳量比一般混凝土低了 40%，顶环则采用了剩余的煤气管道进行建设。伦敦碗因此成为奥运历史上节能型建筑的典范。

无孔不入的安保措施

2004 年雅典奥运会是"9·11 恐怖袭击事件"后举办的第 1 届奥运会，奥运期间的安全问题得到了史无前例的重视。雅典引进了当时世界上最先进的综合指挥平台系统，在大街小巷和奥运设施周围安装了 1 500 多个摄像头，对周边环境进行无孔不入的全面监测。

奥运让未来离你更近

现代奥林匹克运动的发展历来与最新的科技密切结合，是新技术应用的"领头羊"。科技助力奥运的发展，反过来，奥运对于推动人类科技进步也发挥着重要作用。在奥运建筑、奥运比赛以及奥运期间的交通、通信、安全等各个方面我们都可以看到高新科技的身影。

"吹"起来的水立方

北京奥运会的游泳馆水立方拥有像肥皂泡一样的梦幻设计，这种设计源于一种新型环保节能材料——ETFE 充气式膜。

这种充气膜节能环保，不仅能够重复利用，还具有很好的透光性，能为场馆内带来更多的自然光，减少照明能耗。

而且这种膜具有很强的自洁功能，雨水一冲，整个场馆的外面就干净如初了。

别看这种充气膜看起来不像钢筋水泥一样坚韧，但它却有很好的抗压能力，在上面跳蹦床都没问题。是不是很神奇？

水立方还有专门的雨水回收系统，99% 以上的水资源都能得到循环再利用。一年可以回收一万吨左右的雨水，相当于一百户居民一年的用水量。

水立方上的冰立方

2022 年北京将举办冬季奥运会，为了实现场馆的可持续利用，水立方将改造成"冰立方"（比如，在比赛大厅的泳池基础上新增的冰上功能），将成为冰壶比赛的场地。由于冰壶场地对温度、湿度的要求高，按照水立方冰壶场地设计方案，在地面约 1 米以下的区域，为了使冰面保持低温，温度将保持在零摄氏度以下。而 1 米以上的区域，为了让运动员有一个适宜的比赛温度，温度会控制在 10 摄氏度左右，观众区域的温度则会控制在 16 摄氏度左右。

被退赛的泳衣

20 世纪末，游泳比赛中出现了一种新型泳衣——鲨鱼皮泳衣。这是一种模仿鲨鱼的皮肤制作而成的高科技泳衣，可以极大地减小运动员在水中遇到的阻力，在 100 米比赛中可以提升平均 1 秒的成绩。这种黑科技泳衣让很多游泳运动员创造了个人最好成绩，以至于国际奥委会认为该泳衣会导致不公平竞争，鲨鱼皮最终被禁止出现在奥运会的比赛中。

体验运动员的心跳——VR观赛

从首次电视转播到首次应用国际互联网，从移动通信技术的引入到VR（虚拟现实）技术的运用，奥运会总是在"不遗余力"地推动现代通信技术的发展。

2018年平昌冬奥会对这一新兴技术进行了很多大胆的应用。其中的VR直播充分发挥了VR技术的优势，为无法到现场观看比赛的观众们提供了一种更具沉浸感的观看体验，让观众更真实地体验冰雪运动带来的心跳。

通往奥运会的新干线

日本在获得1964年第18届奥运会举办权的时候，东京的交通状况很不乐观。为了东京奥运会的成功举办，日本推出了世界第一条新干线铁路，连通了日本的三大都市圈——东京、大阪和名古屋。至今，新干线仍然是世界上先进的高速铁路系统之一。

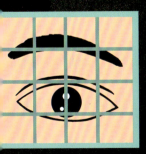

看不见的保安——人脸识别

为了保证奥运会参与人员的安全，奥运会的安防历来都十分严格，各种先进的身份识别系统都被引入奥运会。

2008年的北京奥运会引入了一种人脸识别系统，这种安保系统以人脸上的骨骼为基础生成几千位密码，利用这种密码就能在0.01秒内将门打开。如果无关人员想要混入奥运场馆，即便进行了乔装打扮，这种安保系统也会在0.01秒之内让其"原形毕露"，并向其他安保中心发出警报。

奥运推动人类进步——文化

前国际奥委会主席萨马兰奇曾经说过，"奥林匹克主义就是体育运动与文化的结合"。现代奥林匹克运动在诞生至今的一百多年间，不仅推动了体育运动的发展，更在推动人类文化进步方面发挥着积极的作用。

● 处处都有奥林匹克精神

现代奥林匹克运动文化价值体系源自古代奥林匹克运动，并在此基础上不断拓展，本身就有着丰富的文化内涵，是人类文化的重要组成部分。无论是"更快、更高、更强——更团结"的奥林匹克格言，还是"相互了解、友谊、团结和公平竞争"的奥运精神，抑或是"卓越、尊重、友谊"的核心价值观，都在指引着人类向更好的方向发展。

● 奥林匹克的大赢家——符号系统

现代奥林匹克运动在发展的过程中还逐渐形成了一套运动符号系统。这种符号系统在1964年的东京奥运会首次出现，被称为运动图标。此后，每届奥运会都会使用运动图标。运动图标的设计体现了举办城市的设计理念和文化内涵。

在人口密度极大、交通系统极为复杂的东京，来自各个不同国家、使用不同语言的人们要想顺利地找到各种活动场馆可不是一件易事。为了解决这一问题，东京奥运会便创造了这样一种超越语言、简单明了的运动符号系统，不管你来自哪个国家、说哪种语言，有了这种符号，就再也不用担心找不到目的地了！

● 把运动场搬到楼下

除了本身是人类文化的重要组成部分以外，奥运会最"名正言顺"的作用就是推动体育文化的发展了。

以北京奥运会为例，北京申奥成功后，各种全民健身工程纷纷开展。截至2002年，我国的体育场馆数量超过62万个，总面积近8亿平方米，社区健身路径超过1万条，各地的全民健身工程多达2000余处。近些年滑冰场、滑雪场数量迅速增加，全国共有滑冰场457个，滑雪场978个，人们对冰雪运动的热情空前高涨。

是运动会，也是艺术节

现代奥林匹克的创始人顾拜旦从一开始就对古代奥运会体育和艺术的结合十分欣赏，希望能在现代奥运会上继续延续这一传统。2012年伦敦奥运会期间，伦敦组织了名为"2012伦敦艺术节"的系列文化庆祝活动。来自204个奥运参赛国家和地区的25 000名艺术家齐聚伦敦，开展了12 000多项活动。为了让更多的人参与到这场艺术的狂欢中来，组织者还向来自世界各国的游客发放了1 000多万张门票！

奥运会，让我更懂你

2004年8月13日，由来自全球多个国家的400多人参与策划制作的雅典奥运会开幕式在雅典的奥林匹克主体育场上演。这场以"希腊海洋"命名的大型文艺表演围绕希腊著名的爱琴海展开，人头马身的海神波塞冬、诸神之首宙斯、天后赫拉……这些希腊神话中的天神，阿加门农、赫拉克勒斯这些希腊传说中的勇士都悉数登场，悠久灿烂的希腊文明在奥运的舞台上缓缓展开。在这场如梦似幻的表演中，全世界的观众没有人不被希腊文明的魅力折服。这个奥运的发源地，在几千年后再次通过奥运将世界人民连接在了一起。

越奥运，越环保

作为一个全球性的盛会，"绿色奥运"的理念已经越来越深入人心，世界各地的人们都因为奥运会而对环境保护有了更深刻的认识和思考。

2000年的悉尼奥运会在环境保护方面起了很好的表率作用，仅悉尼奥运会主会场的建设就使用了22万立方米的混凝土建筑废料，整个奥运村的废物回收再利用率达到了94%。

北京冬奥会是奥林匹克历史上第一次将可持续发展纳入筹备和举办全过程的奥运会。在绿色、低碳、节能、环保、可持续采购等方面纳入可持续发展理念，在生态保护、林草恢复、水资源利用、绿电利用等方面形成亮点，提供北京示范。

不同寻常的奥运会

2020 年，一场由新冠病毒引发的疫情席卷全球，原定于 2020 年 7 月 24 日至 8 月 9 日举行的东京奥运会因为这场疫情而被迫延期至 2021 年夏天。回顾奥运会的整个发展历程我们会发现，类似的特殊情况并不是第一次出现。这些特殊的奥运会就像一个个特殊的节点，见证了奥运会的发展，同时也提醒着我们奥运会一路走来的不易。

第 6 届奥运会

原定在德国柏林举行，因"一战"取消

1912 年第 5 届奥运会之后，欧洲战云笼罩，第一次世界大战一触即发。为了转移推行军国主义的德国政府的注意力，国际奥委会将第 6 届奥运会的会址定在了德国的首都柏林。但是奥运会最终没能阻止战争的发生，1914 年，第一次世界大战爆发。

为了遵守奥林匹克宪章的宗旨，谴责德国的侵略行为，以顾拜旦为首的国际奥委会决定取消这次奥运会。但是，按照古希腊文化的传统，这次奥运会的届数仍然照算。

第 12 届奥运会

中途易主，最终取消

1936 年，日本东京获得 1940 年第 12 届奥运会的主办权。1937 年，日本发动侵华战争，在军方的压力下，日本奥委会不得不宣布放弃这届奥运会的主办权。

随后，国际奥委会决定将奥运会的主办城市改为芬兰的赫尔辛基。1939 年，第二次世界大战爆发，芬兰也被卷入战争。1940 年 1 月 1 日，芬兰宣布放弃第 12 届奥运会的主办权。由于战火在世界范围内的蔓延，第 12 届奥运会只能停办。

第 13 届奥运会

原定在英国伦敦举行，因"二战"取消

在第二次世界大战爆发前夕，国际奥委会已经决定在英国伦敦举行 1944 年第 13 届奥运会，但是第二次世界大战一直持续到 1945 年，奥运会再次因为"二战"而被迫取消。

第 5 届冬奥会 被"二战"影响的冬奥会

受"二战"影响的不只是夏季奥运会，冬奥会同样也受到了战争的影响。第5届冬奥会原本计划于1940年在日本的札幌举行，但是1937年日本发动侵华战争，1938年，日本政府对外宣布无法举办札幌冬奥会。

直到"二战"结束后的1948年，第5届冬奥会才在瑞士的圣莫里茨成功举办。在这届冬奥会上，发动"二战"的德国和日本遭到了国际奥委会禁赛的处罚，被奥运会拒之门外。

SALT LAKE 2002

第 12 届冬奥会

因市民反对放弃举办权

最初取得第12届冬奥会主办权的是美国的丹佛，但是由于丹佛所在的科罗拉多州的州民以及丹佛的市民都反对政府发行公债来筹集冬奥会的举办资金，丹佛只能放弃主办这次冬奥会。这时，奥地利的因斯布鲁克提出主办申请并获得了国际奥委会的同意，于是第12届冬奥会的主办城市改为因斯布鲁克。

第 19 届冬奥会

盐湖城冬奥会贿赂事件

在2002年的第19届冬奥会的主办城市确定之前，有多个城市都表示对主办这次冬奥会很有兴趣，最终，美国的盐湖城获得了主办权。但是，随后便爆出了盐湖城奥申委贿赂国际奥委会的丑闻。这一事件被认为是国际奥委会历史上最严重的丑闻，多名国际奥委会官员因为这一事件被解职或宣布辞职，国际奥委会也因为这次事件新增了"禁止奥委会委员访问奥运申办城市"的规定。

INNSBRUCK 1976

37

掌长肌

由于长时间久坐身体得不到运动，人类的很多机能其实是在逐渐退化的。比如人上臂的祖先"处掌长肌"——这一块肌肉能够帮助我们的祖先"飞檐走壁"，即通过悬挂或者攀岩躲避野兽的攻击。研究显示，在现代不同种族的人类中，掌长肌缺失的比例达到百分之几到百分之二十几。

心血管疾病、癌细胞

生活的便利导致现代人类的运动量越来越少，于是"运动不足病"逐渐成为人类的困扰。根据世界卫生组织的调查，截至2016年，全球至少有14亿成年人因为缺乏体育锻炼而面临罹患心血管疾病、糖尿病、痴呆、癌症等慢性疾病的风险。所以，"运动"是一种写进人类基因里的需求，想要拥有健康的体魄，进行有规律的体育锻炼是十分必要的。为了健康的身体，动起来吧！

狩猎采集时代，女性每天平均要走9公里，男性每天平均要走15公里，大约为24 000步。而现在人类每天的平均运动量仅为4 961步，远低于那时的距离。有数据显示，美国人每天步行的距离却不到半公里，但行车距离却高达51公里。

大屁股

跟猿类相比，人类有较大的臀大肌。在奔跑时，臀大肌会强烈收缩，防止躯干前倾。

智齿

人类千方百计地保护牙齿，相比过去，现代人更喜欢吃柔软、易于咀嚼的食物，这就造成了人们咀嚼能力的下降。智齿以前的作用主要是用来磨碎坚硬的食物，而现在它们似乎是专门用来蛀牙的。

宽肩窄腰

低而宽的肩膀、较窄的腰部，让人类的躯干独立于髋部的头部进行扭转，使人类可以在奔跑时用来扭转。

大长腿

人类的腿比南方古猿长10%~20%。修长的双腿可以减少长距离徒步所消耗的能量，有助于增强双腿的耐久力，是一种适应长时间奔跑的进化。

基因决定你需要运动

为什么人们如此痴迷运动，举全人类之力办奥运会呢？这是因为你的基因决定你需要运动。在遥远的原始时代，生存环境恶劣，食物短缺。人类的祖先为了生存，要东奔西走，甚至长途跋涉。为了适应这种大运动量的生活方式，他们逐渐进化出来直立行走的能力，身体也因此产生了一系列的进化。这些身体上的适应性变化，从直立人开始，一直延续到了现在。可以说，人类现在的身体就是为了适应运动进化而来的。

● 大鼻子

长距离徒步的过程中，高大的鼻子可以充分湿化吸入的空气，有利于防止身体脱水。

● 大关节

人类直立行走的每一步，双腿承受的压力相当于四足动物的两倍。为了适应长距离的步行，人类的骨骼和关节出现了进化——髋部、膝关节、踝关节等都变得比较粗大，以此来减小这些关节的压力。

● 大脚跟

人类的跟腱通常都大于10厘米，远远超过黑猩猩和大猩猩小于1厘米的跟腱长度，而且这种足的足后跟，再加上拱形的足弓，就像弹簧一样，使得人类在奔跑时的能量消耗大大减少，耐久跑能力则大大提升。

● 大耳朵

为了保持奔跑时视线的稳定，人体的平衡感觉器官内耳半规管变大，不会因为奔跑得太快看不清周围的情况。

● 柔软的脖子

人类的颈部有一条特有的项韧带，猿类和南方古猿都没有，它就像一条皮筋一样将头颈部和手臂连了起来，以在奔跑时保持身体的稳定。

● 小脚趾

在奔跑时，长脚趾会比短脚趾耗费更多的体力，产生更多的震动，不利于长时间奔跑，于是为了奔跑，人类就进化出来相对短而粗的脚趾。

● 透气的皮肤

皮肤有很强的排汗散热能力，方便在长距离的徒步旅行或奔跑中更好地散热。

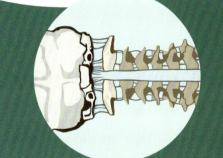
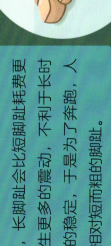

运动让你快乐

不开心的时候出去跑跑步，
心情就会舒畅许多，是不是很神奇呢？
这其实要归功于我们身体中分泌的多种激素。

激素是一种由内分泌腺或内分泌细胞分泌的高效能生物活性物质。它就像一个放大镜，在我们的身体内形成一个效能极高的生物放大系统，对机体各系统的运转起着不可忽视的调节作用。

运动时，血液内多种激素的浓度都会升高，有一些激素会提高我们的中枢神经系统的兴奋性，让我们产生愉悦感，其中最重要的就是内啡肽、多巴胺和血清素，因此也有人将这几种激素叫作"快乐激素"。

内啡肽 Endorphins

剧烈运动时，下丘脑、脑垂体等分泌的内啡肽在血液中的浓度明显升高，内啡肽具有极强的镇痛作用，并能给人体带来愉悦感，让人越运动，越快乐！

血清素 Serotonin

运动还会增加大脑中的另一种物质——血清素的分泌。血清素经常被称为"大脑警察"，它除了有助于我们放松心情，让人感觉更快乐以外，还能帮助我们抑制冲动、愤怒等不好的情绪哦！

多巴胺 Dopamine

多巴胺也是大脑分泌的一种激素，可以传递兴奋和开心的信息。长期的运动可以增加大脑内多巴胺的产量和储存量，让人产生强烈的幸福感和成就感。

有规律的科学的体育锻炼对我们的心理健康也有着巨大的影响。很多心理学家都认为，科学的体育锻炼是治疗心理疾病的有效手段。

美国威斯康星大学的精神病学家约翰.H.格雷斯特在1979年做过一次医学实验，首次用实验性运动疗法治疗临床患者。格雷斯特随机选择了28位轻、中度忧郁症的门诊病人，并将他们分成三组：

一组进行慢跑锻炼；

一组实施短期精神疗法；

一组进行不限时间的精神疗法。

经过12周的治疗和9个月的复查，格雷斯特发现，跑步在消除轻度忧郁症方面不仅可以与短期精神疗法相媲美，而且比不限时间的长期精神疗法更有效。

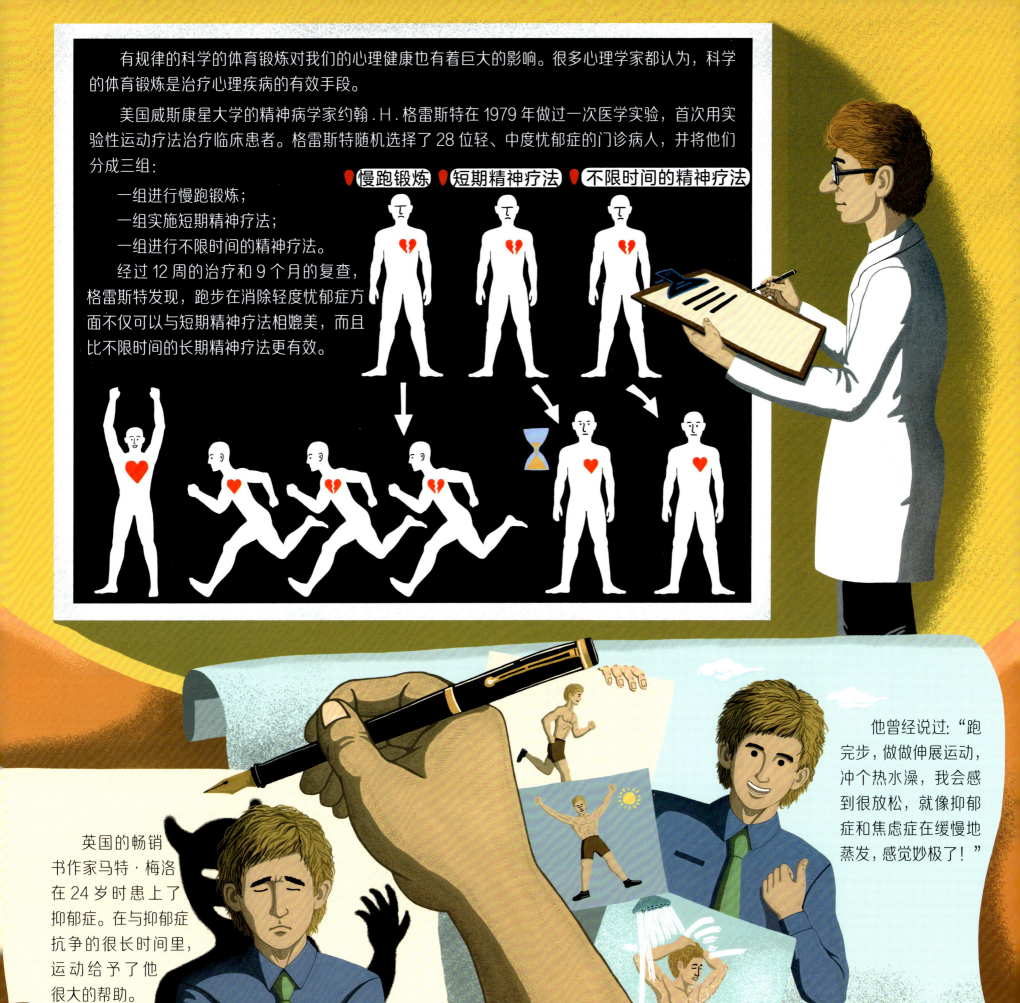

❗慢跑锻炼 ❗短期精神疗法 ❗不限时间的精神疗法

英国的畅销书作家马特·梅洛在24岁时患上了抑郁症。在与抑郁症抗争的很长时间里，运动给予了他很大的帮助。

他曾经说过："跑完步，做做伸展运动，冲个热水澡，我会感到很放松，就像抑郁症和焦虑症在缓慢地蒸发，感觉妙极了！"

41

四肢发达，
头脑不简单

科学研究发现，运动除了会对我们的情绪产生立竿见影的效果，给我们带来愉悦的感觉以外，居然还可以保护并改造我们的大脑！

● 运动让人进化

人类大脑最初的进化就与运动有着密不可分的关系。原始人类为了生存逐渐开始直立行走，解放了双手，上肢的灵活运动刺激了大脑的进化，人类变得更聪明，此后一系列的进化由之开始，人类的脑容量不断增大，最终成为现在的人类。

● 运动让你聪明

你以为我们运动的时候只是在锻炼身体吗？不不不，人在进行运动，特别是复杂运动的时候，与认知功能密切相关的大脑区域都会得到充分锻炼，换言之，你以为你是在做运动，其实你是在"变聪明"！

运动留住青春

运动可以诱发神经新生，即从干细胞、祖细胞中再生出新的神经元，而神经新生对于帕金森氏病及阿尔茨海默病等的治疗有着重要意义。所以，长期坚持运动，人们就可以有效推迟一些老年疾病的发生。

运动滋养大脑

新的脑细胞的发育离不开一种叫作脑源性神经营养因子的化学物质。这种物质就像是一种优质的肥料，可以促进脑细胞的生长和增殖分化，还能为神经细胞创建更多的联结，而运动会让这种"神奇的肥料"变多！

运动改善思维

除了直接作用于大脑之外，运动还可以通过调节身体其他激素的水平来改善大脑，例如压力荷尔蒙——皮质醇。人们体内皮质醇水平长期偏高会使大脑衰老，从而导致思考减缓、记忆力下降等问题的出现。运动可以有效降低皮质醇水平，帮助我们改善思维。

你做过的运动，
都写在你的肌肉里

肌肉对人体起着举足轻重的作用。
毫不夸张地说：肌肉维持着人体的正常运转，
如果没有肌肉，你连眼睛都睁不开，
心脏也会停止跳动！

骨骼肌的七大肌群

背部肌肉群

肩部肌肉群

手臂肌肉群

胸部肌肉群

腹部肌肉群

臀部肌肉群

腿部肌肉群

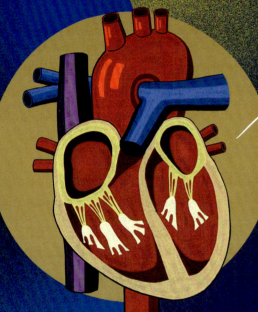

心肌

除了骨骼肌，心脏中也有肌肉，心肌就是我们心脏上的肌肉。

有了心肌，我们身体中的血液才能循环起来。心肌收缩，血液离开心脏；心肌舒张，血液回到心脏。

骨骼肌

我们的身体中一共有639块肌肉，其中有600多块都属于骨骼肌。

什么是骨骼肌呢？骨骼肌就是那些覆盖在骨头上的肌肉，这些肌肉可以带动骨头运动，让我们做出各种各样的动作。

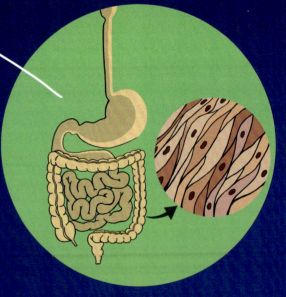

平滑肌

平滑肌是血管、胃、消化器官，还有其他内脏器官上的肌肉，我们也叫它内脏肌。胃肠道平滑肌有一定的弹性，可以容纳几倍于胃原本体积的食物。如果没有平滑肌，你可能就无法尽情享用美食了。

除了维持身体的正常运转，肌肉还有很多你不知道的隐藏技能。

肌肉是"吃多不胖"的秘密武器

肌肉是骨骼的贴身保镖

人体的骨骼被肌肉包裹。肌肉除了配合骨骼完成各种动作，还能保护骨骼。受到外界的轻微撞击时，肌肉能起缓冲作用，防止骨骼受伤。强健的肌肉可以减轻骨骼和关节的压力（比如膝盖），可以减少关节损伤。

肌肉是血液循环的加速剂

强有力的肌肉可以增强血液循环的能力，让远离心脏的小腿和脚趾部位的静脉血也能打起精神，加速回流到心脏。

肌肉是消耗血糖的工厂

糖类是人体三大营养素之一，但是过剩的糖类会转化成脂肪囤积起来。身体的肌肉在运动时能快速消耗血糖，把脂肪"扼杀在摇篮里"。

不同的运动成就不同的你

虽然任何运动都需要身体不同的肌肉相互配合才能完成，但是从事不同项目的运动员，在体形上总是有着明显的差别，你知道这是为什么吗？这是因为不同的运动对于身体各部分肌肉的调动和需求是不同的。在长期的训练中，某一运动项目对于身体特定肌肉的反复锻炼，让运动员们的体形逐渐呈现出符合该项目要求的特征。

皮划艇 Kayak

皮划艇运动员上半身的肌肉堪称无懈可击。由于在皮划艇比赛中，运动员们几乎所有的力量都来自上半身，所以他们的上半身，尤其是后背和手臂的肌肉极其发达，甚至有人将他们的双臂比作"超级大钳螯"。

游 泳 Swimming

游泳几乎是所有运动中锻炼肌肉最全面的运动——手臂、肩部、背部、臀部、腿部等部位的肌肉，包括腹肌、腹外斜肌等都可以得到锻炼，加之游泳运动员经常在水中运动，所以他们的肌肉线条都很流畅，呈流线型，而且身形一般都很匀称哦！

自行车 Bicycle

在自行车竞赛中，运动员主要依赖的就是腿部尤其是大腿的力量，所以自行车运动员在体形上最引人注目的就是他们肌肉发达的大腿，有些运动员的大腿甚至比普通人的腰还粗。如果你也想让大腿的肌肉变得更紧实、有力，骑自行车是个不错的选择哟！

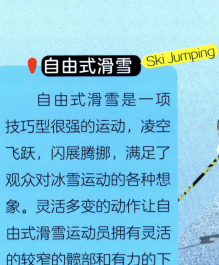

自由式滑雪 *Ski Jumping*

自由式滑雪是一项技巧型很强的运动，凌空飞跃，闪展腾挪，满足了观众对冰雪运动的各种想象。灵活多变的动作让自由式滑雪运动员拥有灵活的较窄的髋部和有力的下肢，以便更好地控制身体。

排球 *Volleyball*

和其他运动一样，排球也是一项几乎全身都需要发力的运动。但是由于在排球运动中一般都是用手直接击球，所以相比于其他项目的运动员，排球运动员手臂的肌肉会得到更高强度的锻炼。当然，要想给对手一记有力的扣杀，强韧有力的腰腹肌肉也是必不可少的！

足球 *Football*

踢足球被认为是训练腿部的最佳运动。经常进行足球运动，可以让腿部的肌肉变得强壮有力。正是因为这样，足球运动员的腿部一般都比较粗壮，无论是大腿还是小腿，肌肉都非常发达。

网球 *Tennis*

网球被称为"脚下的运动"，网球运动员在场上的移动速度对于比赛结果有着重要影响，所以网球运动员腿部的肌肉一般都很发达。另外，前臂肌肉和腹侧肌是运动员在接球和击球时主要用到的肌肉，因此，经常打网球，这两部分的肌肉也会得到充分的锻炼！

举重 *Weight Lifting*

举重运动员的体形一般都比普通人甚至比普通运动员更加宽厚、强壮。这是因为，在举重运动中，运动员需要充分调动上臂、前臂、胸部、腰腹、大腿等身体各部位的肌肉。经过长期的训练，身体各个部分的肌肉都会变得很发达，而运动员体形看上去自然就更精壮了！

无规则，不运动！

你一定听过一句话，"没有规矩不成方圆"，做任何事情都要遵守一定的规则，否则到头来就会一团糟，体育运动也是一样。现代体育运动对规则尤为重视，可谓"无规则，不运动"！

那你知道体育运动中为什么一定要有规则吗？

规则保证比赛秩序

有了规则，运动员就知道自己在比赛中可以做什么、不可以做什么。只有清楚了这些，比赛才能有序地进行下去，否则，体育比赛就无法正常地进行，因为每场比赛最后都可能演变成一场大混战。规则还能最大限度地保证所有人在共同的基准上参加体育比赛，这是公平公正的体育精神的重要体现。

规则定义运动

每队上场队员不得多于 11 名，也不得少于 7 名，在比赛过程中除守门员外，其他队员不能用手触球……

这是什么运动呢？没错，这就是足球！特定的规则使"足球"成为足球、"篮球"成为篮球……

这就是规则对于体育运动的重要意义之一哦！

规则制造悬念

规则让体育比赛变得更加精彩纷呈。例如在冰球比赛中，当一名球员从红线的一侧出球，射向攻区，并穿过攻区的球门线，这个球就被判定为死球的一方。比赛要暂停，冰球要返回打成死球，让冰球比赛的赛况更加变幻莫测。这些规则都

遵守规则很重要!

所有的体育运动都存在竞技性和对抗性,有一定的危险,有些规则的制定是为了避免在对抗中可能会对运动员造成的伤害,保护运动员的安全。所以,遵守规则很重要!!

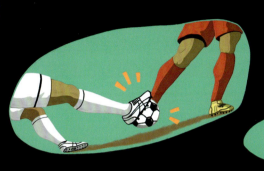

🔻 裁判就是正义的化身

裁判在赛场就代表着体育规则和体育精神,他们必须用自己的专业素养,应对场上千变万化的赛况,依据比赛规则对比赛中出现的各种状况做出公平公正的判决,可以说,专业的裁判就是"正义的化身"!

🔻 破坏规则,得不偿失

1988年的"约翰逊"事件是奥运会历史上最大的一宗兴奋剂丑闻。加拿大男子短跑运动员约翰逊在1988年的汉城奥运会中创造了新的世界纪录,并夺得冠军,但是随后就因为药检不合格,被收回了奖牌,纪录也被取消了。

之后的一系列调查证实,约翰逊的这种作弊行为从几年前就开始了,他在1987年创造的世界纪录也因此被取消,并被判终身不得参赛、执教。

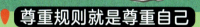
尊重规则就是尊重自己

第48届世乒赛男单八分之一决赛,中国选手刘国正和德国选手波尔两强相遇,打得难解难分。刘国正以12比13落后,在决胜局的关键一分,刘国正将球回击到了地板上,全场屏息。在现场近万名球迷的注视下,一个人优雅地伸手示意裁判:"球擦边了!应该是刘国正得分。"而伸手示意的不是别人,正是波尔!裁判随即举起了右手,判刘国正得分。随后,全场响起热烈的掌声——尊重规则,也将赢得观众最大的尊重!

🔻 相关部门监管

赛场上规则的充分实施,除了需要运动员本身的自觉主动、裁判的公平公正以外,相关部门的监管也十分重要。目前国际上所有的正规体育比赛,都设置了严格的药检机关,严查运动员服用兴奋剂的情况。

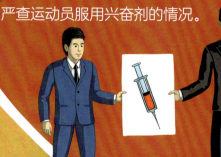

坚持也是运动的一部分

不只中国女排的姑娘们，每一个运动员背后都有着很多不为人知的辛苦和付出，体育运动就是需要人们不断地去挑战自己、突破自己，努力做到"更快、更高、更强"！

当然，不是每一个人都能成为冠军，但是在这个过程中，我们要的不只是成功，有些失败也可以很伟大。

● 拼搏成就超越

2019 年 9 月 29 日，中国女排以 11 连胜的成绩蝉联第 13 届女排世界杯冠军，用强悍的"十冠王"完成了对中华人民共和国成立 70 周年的献礼！赛后，在面对记者的采访时，素有"铁榔头"之称的女排教练郎平几度哽咽。从郎平教练的话里，我们能听到的最多一个字眼就是"拼"。这些女排姑娘们在比赛中拿到的每一分就是"拼"出来的，"十冠王"的背后凝聚了她们太多的付出和汗水，而她们用永不服输、顽强拼搏的"女排精神"再一次续写了传奇！

● 失败也可以伟大

坦桑尼亚的马拉松选手阿赫瓦里被人们称为"最伟大的失败者"。

1968 年墨西哥城奥运会的马拉松比赛结束一个多小时以后，阿赫瓦里一瘸一拐地从远处赶来了——他在比赛过程中被其他选手撞倒了，膝盖受了很重的伤，肩膀也脱臼了，但是他仍然坚持着完成了全程的比赛。"我的祖国把我从 7 000 英里①外送到这里，不是让我开始比赛，而是让我完成比赛。"阿赫瓦里在面对一位记者的询问时回答道。

阿赫瓦里迈着艰难的步伐到达终点的那一幕被誉为"现代奥林匹克历史上最伟大的时刻"。

① 1 英里 ≈ 1.609 千米

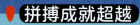

00:00

运动可以帮助人们消除负面情绪，让人变得更加阳光、积极、自信。不开心？情绪低沉？运动起来，跑一跑更自信！

喜欢运动的人在面对挑战时，会表现出更大的勇气，而不是害怕或退缩。

运动可以锻炼人的意志，让人变得更自律，该做的事情从不拖延。坚持运动，和"拖延症"说再见！

"知易行难"，虽然很多人都知道运动的好处，却还是做不到坚持运动，这该怎么办？
有些人为自己制订了很多完美的运动计划，却一直没有开始，"拖延症"发作？别等了，不管计划是否完美，先动起来才是王道！

每次刚开始运动就已经气喘吁吁，很想放弃？坚持住，这正是你战胜自己的好时机——想超越自己，先多跑十分钟吧！

经常运动的人更懂得坚持的意义——在遇到困难时，决不会轻易放弃自己的目标，就像阿赫瓦里那样，即便受伤了，也会坚持跑到终点。

♥ 你想要的运动都能给

无论是勇夺十连冠的女排姑娘，还是"最伟大的失败者"阿赫瓦里，他们身上都体现着运动对于个人品质的塑造作用。如果你也希望自己可以像他们那样——勇于拼搏、战胜自我，那么就动起来吧！运动会让你成为自信、自律、坚毅、勇于挑战的人。

你热爱的运动里，藏着你的文化基因

作为人类文化遗产的一部分，世界上任何一种体育运动的兴起都是人类文化发展的产物。一项运动作为一种竞技、娱乐活动，在丰富当地人民体育生活的同时，也将一地的文化基因悄然传承了下来——你热爱的运动里，藏着你的文化基因哦！

百炼成钢的中国女排

20 世纪 80 年代，随着"铁榔头"郎平等一批年轻球员的崛起，中国女排从 1981 年的七连胜问鼎世界杯开始，开创了世界大赛"五连冠"的伟业。

到了 2013 年，郎平又以教练身份接手中国女排后，打造出以朱婷为首的新时代女排。带领中国女排先后获得 2015 年世界杯和 2019 年世界杯，期间还夺得了 2016 年里约奥运会的冠军。

没有一朝成名只有百炼成钢，中国女排蝉联世界冠军的背后，是"明知道不会赢，也要竭尽全力"的女排精神。

绅士的运动——马术

现代马术运动最早起源于英国，在 16 世纪时传入欧洲。马术运动在发展之初，参与者都是王公贵族，所以马术一直都传递着一种儒雅的绅士气质，带有一种与生俱来的高贵气派。直到今天，这项运动依然是一项很优雅、绅士的 运动。英国女王伊丽莎白二世不仅热爱马术运动，还是一位马术高手。

冲浪吧，弄潮儿！

冲浪是一种典型的在地理文化的影响下产生的运动。这项运动最早起源于太平洋三大岛群之一——波利尼西亚群岛，得天独厚的地理环境是冲浪运动在此兴起的重要原因之一。后来冲浪流传到澳大利亚、欧美等国家，并受到人们的喜爱，也都与当地近海的地理环境有着密切的关系。

格斗中的芭蕾——击剑

现代击剑运动是一种神秘高雅、惊险刺激的运动，被称为"格斗中的芭蕾"。它的起源与中世纪欧洲的骑士阶层和当时贵族中盛行的决斗之风有着很大的关系。1776 年法国著名击剑大师拉·布瓦西埃发明了金属网面罩，使击剑告别了中世纪以来的流血和死亡，逐渐变成优雅现代的体育运动。

中国的名片——武术

武术是一项以中国传统文化为基础的运动，它的历史可以追溯到商周时期。武术不仅在中国深入人心，在西方人眼中它更是中国一张硬核名片，甚至认为所有中国人都会武术。

武术的出现不是为了更好地战斗，而是为了保护自身从而停止战斗，反映了中国文化深层次内涵中对和平的向往和对战争的反抗。

现代武术已经从传统的以止戈为目的，到后来的以强身健体为主要目标——武术得到了更多人的喜爱。很多中国家长会把孩子送到武术学校学习武术，希望能获得健康的体魄，甚至很多外国人也因为崇拜武术和武术精神，不远万里来中国求学，可见中国武术的魅力之强大深远。

赢在文化的运动——乒乓球

中国传统文化中的"中庸之道""和而不同""自强不息"等观念使得乒乓球这项运动更加符合中国人的心理习惯，让运动员在比赛中具有很强的战术意识，多种打法相结合，张弛有度，拿下一个又一个世界冠军。乒乓球也逐渐成为中国的一面旗帜。

勇敢者的游戏——斗牛

斗牛是西班牙的一项传统竞技运动，有一定的危险性。在西班牙人民的眼中，斗牛是勇敢善战的象征，斗牛士则被认为是无畏的勇者，拥有高雅、勇敢的灵魂。

"布莱卡"是斗牛士的重要工具，一面为红色，一面为黄色。很多人认为红色和黄色在比赛中分别起到激怒和安抚牛的作用。其实牛的眼睛是无法分辨颜色的，激起它们斗志的是物体的摇动，不是颜色。

传统体育文化的"活化石"——龙狮

舞龙、舞狮是我国各地人民群众都喜闻乐见的一项娱乐体育活动，是中国传统体育文化的"活化石"。

经过几千年的发展，脱胎于传统文化的民间龙狮运动已经成为一项现代化的竞技项目，并逐渐突破了地域和民族的界限，在国际舞台上绽放光彩。

运动天赋，说不定你也有

你有仔细观察过不同项目运动员的体型特征吗？你知道不同运动项目挑选和培养运动员都有哪些要求吗？想知道你是做什么运动的好苗子吗？来一起了解一下，解锁自己的运动天赋吧！

细高个来跳高 High Jump

跳高运动员的平均身高在各个田径项目中是最高的，用"细高个"来形容跳高运动员是很准确的！细长的身材让运动员在比赛中更加灵巧，能更好地控制身体的各个部位。长长的双腿不仅会提高身体的重心，让运动员在落地时更稳，还能提高腾空的初速度，帮助他们跨越更高的高度。

手长脚长艺术范儿 Rhythmic Gymnastics

艺术体操运动员最明显的特征是躯干短、四肢长，两臂在直立下垂时，腕线一般都会超过臀下线。她们的身高一般不会太高，体重偏轻。这样的体型特征有利于运动员完成高难度的体操动作，并较好地展示艺术体操的美感。

● 身长腿短游泳佳 Swimming

宽肩窄腰的"倒三角形"身材、身长腿短、手大脚大，几乎是每个优秀的游泳运动员典型的身体特征。"倒三角形"的身体特征会大大减小运动员在水中的阻力，相对较短的双腿在水中不容易下沉，手大脚大可以增加划水动力，让运动员在水中更加"如鱼得水"。

● 小腿长助跳水 Diving

跳水是一项具有很强艺术性的竞技运动，无论是从翻腾、入水等技术的完成上来讲，还是从展现跳水运动的艺术美方面来讲，都要求运动员身高适中、身材匀称、体态优美。较长的小腿是跳水运动员的突出特征之一，这可以帮助运动员更好地起跳。

● 长腿长臂投篮准 Basketball

不同于跳高运动员的"细高"身材，篮球运动员看上去一般都比较高大威猛。他们不仅拥有大长腿，还拥有长长的双臂，修长而有力的四肢让篮球运动员无论是在奔跑速度上，还是在投篮的高度和力度上，都占据天然的优势，而这也是成为一名优秀的专业篮球运动员的必备条件。

● 手大脚大宜举重 Weight Lifting

举重运动员的身高一般偏矮，体重较重，身体的各部分都比较粗壮，躯干长，四肢短，手脚大。身体粗壮的人力量一般也会比较大，个子不高，在完成举重动作时会更加省力；手大有利于抓握动作，脚大有利于支撑，有这些身体特征的人是练习举重的绝佳人选。

天分和训练，怎样才能成就冠军？

除了拥有优越的先天身体条件，日复一日的刻苦训练是每一位运动员的必经之路。为了挖掘身体的潜能，追求"更快、更高、更强"，运动员们每天的运动量和运动强度是普通人难以想象的。

▶ 勤奋成就天才

"篮球小飞侠"科比·比恩·布莱恩特是NBA训练最刻苦的队员之一。当人们还在熟睡的时候，科比已经来到了训练场，"凌晨四点的洛杉矶"大多数人没见过，但这对科比来说只是训练日常。他每天训练6小时，每周训练6天，每个小时有6个阶段的魔鬼训练，每天坚持700~1 000次投篮。

"金牌收割机"菲尔普斯曾这样描述自己的训练量："我现在每周的训练量是8万米到10万米，1周训练7天。在我十四五岁的时候，我每周的训练量更大，每天要游5万米到6万米，没有休息日。"很多国内的游泳运动员的训练量也相当大，每天15 000至20 000米的训练量让他们经常累得无法坚持。

很多长跑运动员每周的跑量都在60公里以上，有的甚至多达70多公里。2004年，为了备战奥运会的测试赛，美国参赛的女子马拉松运动员周平均跑量基本都在100公里以上，男子马拉松运动员周平均跑量基本在120公里以上，有时候一天就要跑30~40公里。

中国八一田径队的竞走运动员每天的训练量至少在15公里，正常情况下则是40~45公里，最多的时候一天甚至要走将近70公里。

越野滑雪是冬季滑雪运动的基础大项，奥运会越野滑雪男子比赛最长距离50公里，女子30公里。越野滑雪运动员通常进行有氧训练，超长距离耐力滑雪训练，在难度较大的山地丘陵场地提升适应比赛的能力，利用滑轮在公路上进行长距离滑行，提升专项雪上滑行能力。

用这些方法训练，离冠军更近一点

随着运动科学的不断发展，在现代的运动竞赛中，要想拿到冠军，仅仅依靠刻苦的训练已经不能让运动员在激烈的竞争中取得优势。一些现代科学、有效的训练方法，才能让运动员离冠军更近一点！

电脑当教练

1976年的蒙特利尔奥运会上，美国铁饼运动员马克·威尔金斯以70.86米的成绩打破了自己保持的66.78米的世界纪录。威尔金斯在训练中使用了一种计算机系统，这种系统利用各种运动参数，发现了威尔金斯动作中的问题。他据此在训练中对自己的技术动作进行了调整，奥运会上的成绩由此提升了4米之多！

高原训练

1968年第19届奥运会在海拔2 000多米的墨西哥城举行，高原特殊的环境让一些运动员的成绩不尽如人意。但是这次奥运会结束不久后，神奇的事情就发生了：那些受到高原环境影响的运动员纷纷迎来了自己最佳的竞技状态！

由此，人们开始重视起高原环境与运动成绩之间的关系，高原训练很快成为一种非常受欢迎的训练方法。越来越多的地区开始建立高原训练基地，很多运动员在大型比赛之前都会选择进行一段时间的高原训练，以在短期内提升自己的运动能力。

训练前先体检

在训练中运用科学的方法和仪器对运动员的身体机能进行测评，在现代的运动训练中已经越来越普遍。

这种训练方式就像一个透视镜，将肉眼无法看到的运动员的身体情况完全展示出来。运动员就能据此制订更合理的训练计划，及时为身体补充所需营养，甚至可以准确预测自己的运动成绩。

普通人的"锻炼"

专业运动员的训练强度遥不可及，对于普通人而言，为了保持身体的健康，每个人在日常生活中都应该进行适量的锻炼，那怎样的运动量和运动频率才是我们身体需要的呢？根据科学家的研究，每周进行3~5次的有氧运动，每次运动30~60分钟，对大多数人而言是比较合适的运动强度。过强的训练强度或者过长的训练时间，对普通人而言反而不利。所以运动也要适可而止。

除了适当运动，还要注意科学的运动方法。比如跑步，跑步前5~10分钟的热身运动、跑后3~10分钟的拉伸运动，能够让身体充分适应运动节奏，降低运动中的损伤风险。

运动员的 "秘密" 食谱

对于运动员来说，吃不仅是为了补充身体所需的能量，吃得是否科学合理，会对比赛成绩和平时的训练产生十分重要的影响。不同项目的运动员，对营养搭配的要求也不一样。到底运动员的食谱有什么特别之处呢？

一日多餐

由于高强度的训练，运动员每天需要的钙、铁和总热量大约是常人的 2 倍，而维生素 C 的需求量则是常人的 5~6 倍。为了保证能量的供应，每天进餐 4~5 次对于运动员而言是一个很好的选择。

著名的足球运动员 C 罗能一直保持良好的状态，就和他 "一日多餐" 的饮食习惯有着很大的关系。为了满足身体的需求，C 罗有时一天会吃上 6 餐。

控制热量

有些项目的运动员对热量的需求比常人要高，但对花样滑冰、体操、跳水等具有一定艺术性的运动而言，过多的热量会使体内的脂肪增加，体重升高，这会影响运动员的能力提升；对速度滑冰、短道速滑、滑雪、田径、足球等速度型的运动同样会产生不利的影响。为了减轻体重，让体形更优美，有的花样滑冰、体操运动员还会在大赛前刻意控制饮食。

及时补水

较大的运动量会让身体产生很多热能，为了散热，人体会大量出汗，容易造成身体脱水。所以采用正确的方式及时为身体补充水分对每个运动员而言都至关重要。

运动中补水应遵循 "少量多次" 的原则，让水分缓缓地进入体内，这样可以避免因为短时间内的大量补水导致身体内的环境发生剧变，从而加重肠胃和心脏的负担。这种 "少量多次" 的补水方式对于我们普通人来说也很适用。

虽然我吃得多，我可一点都不浪费哦！

大力士的什锦火锅

由于相扑比赛是没有体重限制的，体重越重在比赛中就越有利，所以为了增加体重，相扑运动员们有着非常独特的饮食方式。

相扑运动员每天只吃午饭和晚饭，但是摄入的热量却高达 18 500~19 000 千卡。"力士什锦火锅" 作为相扑运动员的主食，功不可没。这种火锅将鸡肉、牛肉、鱼肉、豆制品以及各种蔬菜放在一起炖煮，是一种营养丰富又健康的食物。但是由于相扑运动员每顿的进食量很大，有时甚至是普通人的五六倍，再加上饭后会进食大量的蛋糕等甜点，所以他们的体重在短时间内就会有大幅增加。

力量型运动员

举重、铅球、雪车、雪橇等力量型的运动要求肌肉有很强的力量和爆发力，这主要取决于蛋白质的摄入比例，所以这一类运动员每天的饮食有一个显著的特点，就是鱼、虾、牛肉等高蛋白的食物占比很高。

加拿大的铅球运动员迪伦·阿姆斯特朗每天都要吃 5~6 餐，摄入的热量达 6 500~9 000 千卡，这是普通人每日热量摄入的 3~4 倍。而且他的食物基本都是以鲑鱼、鸡肉、牛肉等高蛋白食物为主。

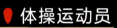

菲尔普斯的食谱

游泳运动员每天都要在水中进行长时间的训练。由于水中温度较低，消耗的热量比在地面上消耗得更多，所以他们的饮食中会有较多的糖类和脂肪，以便为身体提供足够的能量，同时抵御水中的低温。

著名的"飞鱼"菲尔普斯的饮食就以鸡蛋、蛋黄酱等脂肪含量较高的食物为主。菲尔普斯的早餐会有加了 5 个鸡蛋的煎蛋卷，3 个夹着煎鸡蛋、奶酪、蔬菜并涂有蛋黄酱的三明治，另外还有涂有白糖的吐司和巧克力薄饼等食物，进食量堪称惊人。

体操运动员

体操和花样滑冰是一项充满艺术美的运动，对体态的要求很高，所以技巧型运动员一般都会严格控制日常饮食中的热量。

很多优秀的体操、花样滑冰女运动员在奥运会期间饮食的热量一般都控制在 1 200 千卡以内，早餐为鸡蛋、酸奶或燕麦，午餐是鸡肉沙拉等高蛋白食物，晚餐则是鱼肉和蔬菜，只有普通成年女性每日热量摄入的 75% 左右。

需要注意的是，这种饮食方式是由运动员特殊的训练生活决定的，并不适合我们普通人。对于普通人来说，到底应该怎么吃，才能更健康呢？

从今天起，拒绝垃圾食品

高糖、高热量、高脂肪的垃圾食品不仅会加重我们各种内脏的负担，导致疾病的发生，而且会损害我们的大脑。正在发育期的儿童，吃太多垃圾食品很可能会对大脑造成永久性的损伤。所以，健康饮食的第一步，从拒绝垃圾食品开始！

定时定量，运动跟上

除了吃健康食物，三餐时间规律、餐量适中也非常重要，饥一顿饱一顿的饮食让肠胃很受伤。《中国学龄儿童膳食指南（2016）》中把"吃动平衡"也纳入健康饮食的重要指标，每天运动 1 小时，身体倍儿棒、吃饭更香！

做个快乐的"杂食动物"

只有在各种营养元素都充足的情况下，我们的身体才能维持健康的状态，各种蔬菜、水果和肉一个都不能少，做个快乐的"杂食动物"才更健康！

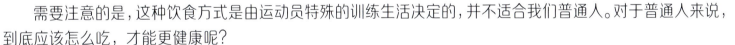

修炼一颗冠军般强大的心脏

除了日常的刻苦训练，面对比赛的心态同样会影响最终的成绩。在亿万人瞩目的竞技场上，如何不被外界左右，专注于自己，是冠军们的秘密，也是每一个普通人的必修课。

越来越多的运动实践和科学研究已经证明，运动员的心理因素对于日常的训练效果和比赛成绩有着明显的影响。所以，除了日常专业训练，心理训练也是运动员们必须进行的重要训练。

马修·埃蒙斯年少成名，是一位射击天才和世界顶级选手，却连续3届奥运会在步枪三姿最后一枪功亏一篑，被冠以奥运会历史上最有名的悲情英雄。

2004年雅典奥运会，男子步枪三姿决赛，在大比分领先的情况下，埃蒙斯最后一枪神游一般打中了别人的靶子，把几乎到手的金牌拱手让给了中国老将贾占波。

2008年的北京奥运会，在倒数第二轮领先第二名将近4环的优势下，埃蒙斯最后一枪打出了4.4环的惊人成绩，再次把金牌送给了中国选手邱健。

2012年的伦敦奥运会，埃蒙斯最后一枪再次扣动扳机，在他前9枪的平均成绩为10.1环的状态下打出了7.6环。但欣慰的是，埃蒙斯拿到了一枚铜牌。

2016年里约奥运会，埃蒙斯又踏上了证明自己的征程。然而，这次上天开的玩笑有点大，因为在资格赛中，他就被淘汰了！这样，就连那最后一枪的机会，都没有留给他。

运动员们的模拟考试——模拟训练

在大型比赛之前，参赛运动员会到标准的体育馆进行训练，体育馆内会播放以往在国际比赛的现场录制的人声嘈杂的录音，以此营造出一种与国际比赛现场十分接近的氛围，以提高运动员对比赛的适应能力。

除了模拟比赛环境以外，运动员们还在打法上进行模拟训练。中国乒乓球队有一批非常优秀的陪练员，他们的技术全面、打法独特，还会模仿国外优秀运动员的打法，为参赛运动员提供一种更加真实的比赛体验。反复进行类似的训练，等真正在赛场上遇到对手时，运动员的心理就不会因为对对手不熟悉而产生恐慌等不良情绪。

让人自信心爆棚的暗示训练

NBA著名的球星卡尔·马龙是暗示训练的受益者。卡尔·马龙是一位技术很全面的篮球运动员，但是在罚球的时候总是因为过于紧张或信心不足，导致他的罚球命中率不高。针对这种情况，心理训练师为他专门设计了一套自我暗示语："我是最强的。""这球我一定能罚进。""我要把这个进球献给我的孩子。"每次罚球时，马龙就默念这一暗示语，经过一个赛季的训练，他的罚球命中率从前两个赛季的48.1%、59.8%提升到了70%，可谓效果显著。

充耳不闻的注意技能训练

运动员在紧张的训练或激烈的比赛中，往往承受着很大的心理压力，甚至处于焦虑状态，这时就很容易出现注意力无法集中的情况。但是有一种训练能帮助他们自动屏蔽外界的噪声，关注自己的比赛，这就是注意技能训练。

射击是对注意技能要求非常高的运动，所以中国射击队非常注重运动员注意技能的训练。在注意技能训练的开始阶段，运动员会配合呼吸等方法进行放松入静的练习。经过一段时间的练习之后，运动员会被要求到嘈杂的公共场所（如车站、商场等地方）进行"入静练习"——他们要对周围嘈杂的环境做到"视而不见，听而不闻"。

冬季两项是将滑雪和射击结合起来的项目，需要动静结合，对越野滑雪能力和稳定的射击能力要求很高，同时要求运动员能在动静转换的同时集中注意力精准射击。冬季两项的动静转换训练，主要通过高强度雪上滑行或夏季专项轮滑训练快速转换成静止的射击训练，形成良好的专业素养。

想想就能提高成绩的表象训练

美国的篮球教练玛克斯韦尔·马尔兹曾经做过一个实验：他将运动员分成三组进行罚球训练，第一组每天进行正常的练习，第二组每天不做任何练习，第三组每天进行投篮表象练习。20天后，第二组运动员的能力当然没有任何提升，第一组运动员得分率提升了24%，而第三组运动员的得分率则提高了23%，也就是说，进行表象训练对于运动员能力的提升与正常训练取得的成果几乎是相同的。

助力登上人生巅峰的目标设置训练

目标虽然看不见摸不着，对于运动员来说却是能够帮助他们实现自我突破的致胜法宝。

在运动员的训练过程中，目标设置训练有很多种，比如长期目标、中期目标、短期目标，具体目标、一般目标、个人目标、集体目标等。然而，目标不是越高远越好，而是应当设定适合自己，并且能够不断达成的目标。

其实，奥林匹克格言"更快、更高、更强"，就是给运动员提出的不断努力的"小目标"，有了这些小目标的积累，运动员们才能最终在奥运赛场上披荆斩棘，一次次打破纪录。

目标就像一级一级台阶，让运动员一点一点接近终点，走向人生巅峰。

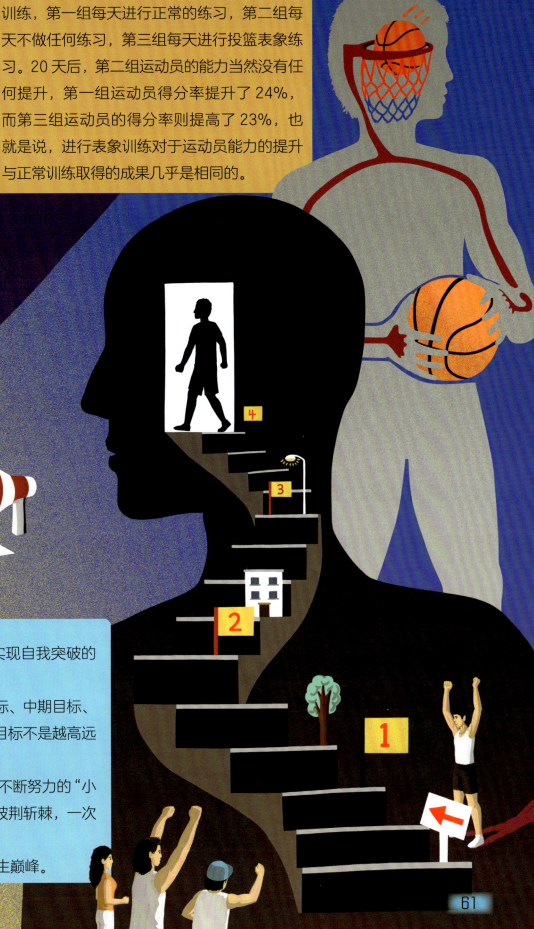

克服小小的恐惧，战胜大大的挑战

虽然不是专业运动员，作为普通人的我们也会经历大大小小的人生考验，它可能是一次随堂测验、可能是一次演讲比赛、可能是一次钢琴考级。以参加比赛为例，下面的一些奥运冠军们常用的小方法可以让你减少焦虑，更轻松地应对各种挑战。

1 比赛前压力太大怎么办？

给自己设置一个"小目标"

参赛之前，尽量给自己设置一个合理的目标，而且要尽量具体，有了目标，心里就有谱了！

你可以一个人静一静

人越在紧张的时候越容易受到外界信息的干扰，这时最好的方法就是避开各种信息，专心为比赛做好准备，阻断干扰，情绪才更容易平静。

有条不紊，才能水到渠成

表象训练，给自己一次额外的训练机会。

回想一下平时训练的技术和动作，把它们在头脑中再演练一回，多了一次训练机会，也许会感觉更有把握。

我是最棒的？那当然！

给自己一点积极的心理暗示，"我今天很有精神""我今天感觉很不错""我是最棒的"……心理学家已经证明，这些心理暗示真的有用！

思维阻断法

当在比赛中因为一些意外情况而产生消极想法的时候，比如因为一个小小的失误而觉得自己在比赛中一定会失败，就是"思维阻断法"该出手的时候了。

意识到自己有这些消极想法的时候，立刻停止，并且用一些积极的、正面的想法来代替消极的想法，让自己从消极的情绪里抽离出来，积极面对比赛。

② 比赛中突然紧张了怎么办？

在比赛中，错综复杂、千变万化的现场会给你的心理造成一系列的影响，比起发挥正常水平，及时调整好自己的心理状态才是在比赛中取胜的关键。下面这几种方法是运动员们经常用到的，说不定也能帮到你哦！

呼吸调节法

人在过度紧张的时候，往往会感到胸闷气短。这时进行缓慢而有节奏的深呼吸——数着节拍，深深地吸气，稍停片刻，再缓慢地将气呼出，重复几次，紧张的情绪就能得到有效的缓解。

自我宣泄法

心中产生不良情绪的时候，将这些情绪通过一些适当的方式宣泄出来也可以达到稳定心理的目的。比如，紧张的时候，活动一下身体，或大声地喊叫一声，都可以让紧张的情绪得到释放，让人不再那么紧张。

自我暗示法

积极的自我暗示是一种非常有效地缓解紧张情绪的方法。当人在心里反复告诉自己"我很好""我不紧张"的时候，身体就会真的相信这件事，然后慢慢放松下来。

胜不骄，败不馁！

一场比赛，最终的显性结果只有两种——胜利或失败。比赛胜利时可能会产生因胜利而陶醉或过于兴奋的情绪，如果比赛失败则可能会产生沮丧、失落、气馁的情绪，如果出现这些消极的心理反应，可以通过理性分析，对自己的实力有一个准确的认知，"胜不骄，败不馁"才是真正的实力！

③ 赛后还要进行心理调整？

有时候虽然比赛结束了，但是比赛的影响依然左右着你的情绪，下面的方法能帮你尽快回归日常，为下一次挑战更优秀的自己做准备。

比赛结束了，还是很紧张怎么破？

参加一些轻松的文娱活动、和好朋友一起进行一次郊游，让注意力从比赛上转移开，给大脑皮层一次休息的机会。

跟家人、朋友聊聊天或者用其他的方式将紧张的情绪宣泄出来。没错，比赛结束后，情绪依然需要合理地宣泄！

稳

了解了运动员们的这些心理训练和心理调节方法之后，对于运动和运动员你是不是又多了一层了解呢？来吧，让我们和运动员们一起"修炼一颗冠军般强大的心脏"！

历届夏奥会、冬奥会索引表

希腊·雅典
Athens
第1届夏季奥运会
1896年
04.06—04.15

法国·巴黎
Paris
第2届夏季奥运会
1900年
05.14—10.29

美国·圣路易斯
St. Louis
第3届夏季奥运会
1904年
07.01—11.24

英国·伦敦
London
第4届夏季奥运会
1908年
04.27—11.01

瑞典·斯德哥尔摩
Stockholm
第5届夏季奥运会
1912年
05.05—07.28

德国·柏林
第6届夏季奥运会
1916年
因第一次世界大战停办

比利时·安特卫普
Antwerp
第7届夏季奥运会
1920年
04.20—09.13

挪威·利勒哈默尔
Lillehammer
第17届冬季奥运会
1994年
02.12—02.28

法国·阿尔贝维尔
Albertville
第16届冬季奥运会
1992年
02.08—02.24

加拿大·卡尔加里
Calgary
第15届冬季奥运会
1988年
02.13—02.28

南斯拉夫·萨拉热窝
Sarajevo
第14届冬季奥运会
1984年
02.08—02.20

美国·普莱西德湖
Lake Placid
第13届冬季奥运会
1980年
02.13—02.24

奥地利·因斯布鲁克
Innsbruck
第12届冬季奥运会
1976年
02.04—02.16

日本·长野
Nagano
第18届冬季奥运会
1998年
02.07—02.22

美国·盐湖城
Salt Lake City
第19届冬季奥运会
2002年
02.08—02.24

意大利·都灵
Turin
第20届冬季奥运会
2006年
02.10—02.27

加拿大·温哥华
Vancouver
第21届冬季奥运会
2010年
02.13—02.28

美国·洛杉矶
Los Angeles
第23届夏季奥运会
1984年
07.28—08.13

苏联·莫斯科
Moscow
第22届夏季奥运会
1980年
07.19—08.04

加拿大·蒙特利尔
Montreal
第21届夏季奥运会
1976年
07.17—08.01

意大利·米兰-科尔蒂纳
Milano Cortina
第25届冬季奥运会
2026年
02.07—02.23（暂定）

中国·北京
Beijing
第24届冬季奥运会
2022年
02.04—02.20

韩国·平昌
Pyeong Chang
第23届冬季奥运会
2018年
02.09—02.25

俄罗斯·索契
Sochi
第22届冬季奥运会
2014年
02.07—02.24

韩国·汉城
Seoul
第24届夏季奥运会
1988年
09.17—10.02

西班牙·巴塞罗那
Barcelona
第25届夏季奥运会
1992年
07.25—08.10

美国·亚特兰大
Atlanta
第26届夏季奥运会
1996年
07.19—08.06

澳大利亚·悉尼
Sydney
第27届夏季奥运会
2000年
09.15—10.01

法国·夏蒙尼
Chamonix
第1届冬季奥运会

1924年
01.25—02.06

法国·巴黎
Paris
第8届夏季奥运会

1924年
05.04—07.28

瑞士·圣莫里茨
St. Moritz
第2届冬季奥运会

1928年
02.11—02.19

荷兰·阿姆斯特丹
Amsterdam
第9届夏季奥运会

1928年
05.17—08.13

美国·普莱西德湖
Lake Placid
第3届冬季奥运会

1932年
02.04—02.16

美国·洛杉矶
Los Angeles
第10届夏季奥运会

1932年
07.31—08.15

德国·加尔米施-帕滕基兴
Garmisch-Partenkirchen
第4届冬季奥运会

1936年
02.06—02.16

德国·柏林
Berlin
第11届夏季奥运会

1936年
08.01—08.17

日本·札幌
Sapporo
第11届冬季奥运会

1972年
02.03—02.13

法国·格勒诺布尔
Grenoble
第10届冬季奥运会

1968年
02.06—02.19

奥地利·因斯布鲁克
Innsbruck
第9届冬季奥运会

1964年
01.29—02.10

美国·斯阔谷
Squaw Valley
第8届冬季奥运会

1960年
02.19—02.28

意大利·科蒂纳丹佩佐
Cortina D'ampezzo
第7届冬季奥运会

1956年
01.26—02.06

挪威·奥斯陆
Oslo
第6届冬季奥运会

1952年
02.14—02.26

瑞士·圣莫里茨
St. Moritz
第5届冬季奥运会

1948年
01.30—02.09

日本东京
芬兰赫尔辛基
第12届夏季奥运会

1940年

因第二次世界大战停办

德国·慕尼黑
Munich
第20届夏季奥运会

1972年
08.26—09.12

墨西哥·墨西哥城
Mexico city
第19届夏季奥运会

1968年
10.13—10.28

日本·东京
Tokyo
第18届夏季奥运会

1964年
10.10—10.24

意大利·罗马
Rome
第17届夏季奥运会

1960年
08.25—09.12

澳大利亚·墨尔本
Melbourne
第16届夏季奥运会

1956年
11.22—12.08

芬兰·赫尔辛基
Helsinki
第15届夏季奥运会

1952年
07.19—08.03

英国·伦敦
London
第14届夏季奥运会

1948年
07.29—08.15

英国·伦敦
第13届夏季奥运会

1944年

因第二次世界大战停办

希腊·雅典
Athens
第28届夏季奥运会

2004年
08.13—08.30

中国·北京
Beijing
第29届夏季奥运会

2008年
08.08—08.24

英国·伦敦
London
第30届夏季奥运会

2012年
07.27—08.13

巴西·里约热内卢
Rio de Janeiro
第31届夏季奥运会

2016年
08.05—08.22

日本·东京
Tokyo
第32届夏季奥运会

2021年
07.23—08.08

法国·巴黎
Paris
第33届夏季奥运会

2024年
07.27—08.12（暂定）

美国·洛杉矶
Los Angeles
第34届夏季奥运会

2028年
07.22—08.07（暂定）

"都说跳高是一项简单的运动，对我来说却一点也不容易。我常常跑到杆前就抬不起腿，或者跑着跑着就不知道该迈哪条腿了，这让我越来越害怕跳高。体育老师教了我一个窍门——助跑的时候数步数，记住适合起跳的步数，另外，跳起来腿一定要伸直，这样跳得才有劲儿。我反复练、反复练，终于成功了！我现在再也不怕跳高了！"

——浙江嘉兴 小伟

跳高

"上小学之前爷爷就教我打乒乓球了，后来学校也开了乒乓球课，我特别高兴，觉得可以在同学面前好好炫耀一下了。可是第一节课就被老师打击了，说我挥拍不规范。老师还说，动作不标准是打不好球的。看来，接下来的一学期都要练习挥拍了。"

——山东泰安 琳琳

乒乓球

体育课里的奥运项目

虽然奥运会的项目看起来离我们很远，但是其实很多项目已经走进了我们的体育课堂，还成为同学们喜欢的运动项目。来看看同龄人对这些运动的分享吧！

羽毛球

"从6岁开始爸爸就教我打羽毛球，现在学校里也有羽毛球课。羽毛球太简单了，我打一下午都不累。体育老师也觉得我很适合打羽毛球，因为我在球场上一点也不偷懒，总是反应迅速，来回奔跑，这让我赢了很多校内的比赛。我现在是学校羽毛球队的队员，经常去校外参加比赛。爸爸妈妈支持我打羽毛球，他们说多打球我会长得更快、更高。"

——湖南长沙 骏骏

"和大多数人不一样，我喜欢跑步，而且是长跑。在操场上一圈一圈地跑，所有的烦心事都能随着深深的呼和吸消散到空气中。比如上次数学测验，我很意外地考了85分，那天下午体育课自由活动时间，我围着操场跑了整整5圈！跑完我居然想明白了为什么考试没考好，真神奇！长跑最重要的是速度要保持恒定，呼吸也要有规律，这样你就不容易那么累了。你们也可以试试！"

——广东佛山 飞飞

跑步

篮球

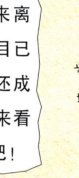

"我是个女孩，但我喜欢篮球。老师说要想打好篮球，就要不断练习基本功——运球、投篮、传球，据说要完成10 000次投篮才能让自己的投篮更准确。小伙伴们，我们一起练习吧！不过，篮球运动容易让脚踝、膝盖、手指等部位受伤，运动前后一定要认真做热身和放松运动，穿好护具，还要加强力量训练，让肌肉保护你的关节。"

——深圳宝山 涵涵

"每次跳远我都把自己想象成一个巨大的弹簧，两条伸直的胳膊往下摆的时候，身子就被按下去了，胳膊甩上去的时候，身体就弹起来了。而且，告诉你们一个秘密：胳膊甩到最高点时起跳跳得最远！还有，千万别屁股先着地，那样你会不及格的！"

——北京 妙童

跳远

曲棍球
"40 分钟的曲棍球课，我 1 分钟都没走神，如果当时有流星落在球场上，我也能把它打飞。"
——福建宁德 吴宇

马术
"刚开始有一点害怕，现在还是会怕，但我会和马儿一起相互鼓励，我知道它也有点怕。"
——新疆阿勒泰 润哲

跆拳道
"虽然我不太懂老师说的跆拳道精神，但我每一次鞠躬都很认真。"
——山东济南 小文

足球
"赢球的时候特别高兴，输球了特别难过，能哭一天。"
——江苏南京 宏鑫

滑冰
"滑冰的时候，我感到自己真的能飞！"
——辽宁沈阳 瑞泽

网球
"这是我最喜欢的课了，因为挥拍的时候像跳舞一样。"
——河南开封 媛媛

游泳
"我以前不敢游泳，但是有同学一起学游泳，我就不害怕了。"
——贵州贵阳 科兴

击剑
"击剑的时候感觉自己是个王子，我可能喜欢击剑的装备吧！"
——广东广州 书为

高尔夫
"我觉得这个运动挺适合女生的，一进球我就特别开心。"
——浙江杭州 木木

排球
"我们几个选排球课的同学成了最好的朋友，我现在最期待的就是排球课。"
——上海 雅雯

冰球
"虽然学校的冰球场比较简陋，不过不影响我们喜欢冰球。"
——广东广州 斌杰

柔道
"这个运动看起来很疼，其实摔了一点儿都不疼。"
——安徽淮南 悠悠

全文审读

赵 英 刚　北京冬奥组委体育部特聘专家、国家体育总局冬季运动中心原主任

周　杰　新华社体育部副主任、国际奥委会新闻委员会委员

作　者

新华通讯社体育新闻编辑部

新华通讯社是国际奥委会认可的国际通讯社,在奥运会、国际奥委会事务及奥林匹克运动报道中发挥了重要作用。新华通讯社体育新闻编辑部是新华通讯社的内设机构,用中文、英文两种文字采写、编辑国内外体育新闻并向国内外播发;对国内分社和驻外分社的体育报道进行业务指导;负责国内外体育发展趋势研究,及时反映国内外体育领域重大动向。

米莱童书

由国内多位资深童书编辑、插画家组成的原创童书研发平台,2019"中国好书"大奖得主、桂冠童书得主、中国出版"原动力"大奖得主,是中国新闻出版业科技与标准重点实验室(跨领域综合方向)授牌的中国青少年科普内容研发与推广基地,曾多次获得省部级嘉奖和国家级动漫产品大奖荣誉。团队致力于对传统童书阅读进行内容与形式的升级迭代,开发一流原创童书作品,使其更加适应当代中国家庭的阅读需求与学习需求。

原创团队

策 划 人:　刘润东　　魏　诺

创作编辑:　孙运萍　　张秀婷

绘　　画:　李　博　　辛　洋

美术设计:　刘雅宁　　张立佳　　辛　洋

图书在版编目（CIP）数据

我们为什么着迷运动/ 新华通讯社体育新闻编辑部，米莱童书编绘.
－－ 北京：新华出版社, 2022.2
ISBN 978-7-5166-6116-1

Ⅰ.①我… Ⅱ.①新… ②米… Ⅲ.①健身运动－青少年读物
Ⅳ.①G883-49

中国版本图书馆CIP数据核字(2021)第221663号

我们为什么着迷运动

编　　　绘：新华通讯社体育新闻编辑部，米莱童书	
出 版 人：匡乐成	出版统筹：许　新
责任编辑：沈文娟　祝玉婷	特约编辑：林德韧　卢羽晨　李　嘉
封面设计：张立佳	

出版发行：新华出版社
地　　址：北京石景山区京原路8号　　　　邮　　编：100040
网　　址：http://www.xinhuapub.com
经　　销：新华书店、新华出版社天猫旗舰店、京东旗舰店及各大网店
购书热线：010－63077122　　　　中国新闻书店购书热线：010－63072012

印　　刷：朗翔印刷（天津）有限公司

成品尺寸：285mm×285mm
印　　张：6　　　　　　　　　　字　　数：300千字
版　　次：2022年2月第1版　　　　印　　次：2022年2月第1次印刷

书　　号：ISBN 978-7-5166-6116-1
定　　价：158.00元